AF296345

Paul DESLANDRES

Archiviste-Paléographe



# Innocent IV

## et la

# Chute des Hohenstaufen

**BLOUD & C<sup>ie</sup>**

LES GRANDS PAPES

# INNOCENT IV

ET LA

## CHUTE DES HOHENSTAUFEN

PAR

**Paul DESLANDRES**

Archiviste-paléographe.

PARIS

LIBRAIRIE BLOUD & C<sup>ie</sup>

4, RUE MADAME, 4

1907

Reproduction et traduction interdites.

# MÊME COLLECTION

**Brugerette (J.)** — Grégoire VII *et la réforme du xi* siècle (352)*.............................. 1 vol.

*Du même auteur.* — Innocent III *et l'apogé₃ du pouvoir pontifical. (353)*.......................... 1 vol.

**Ermoni (V.).** — **Les Origines de l'Episcopat.** 4* édition *(203)*................................ 1 vol.

*Du même auteur.* — **La Primauté de l'Evêque de Rome dans les trois premiers siècles.** 3* édit. *(244).* 1 vol.

**Graziani (Paul).** — Boniface VIII *et les premiers conflits entre la France et le Saint-Siège (393)*........ 1 vol.

*Du même auteur.* — Sixte-Quint *et la réorganisation moderne du Saint-Siège (430)*................ 1 vol.

# INTRODUCTION

Le pontificat d'Innocent IV a été l'objet de nombreux travaux. Les contemporains nous ont renseignés abondamment sur lui. Nicolas de Curbio, chapelain de ce pape, en a écrit une biographie exacte, « mais assez courte, de peur d'ennuyer le lecteur ». Le chroniqueur anglais contemporain Mathieu Pâris, bénédictin de Saint-Albans, a blâmé sa fiscalité envahissante, mais a rendu hommage à ses grandes qualités. Les chroniques allemandes et italiennes (Albert de Stade, *Annales de Padoue*) ont relaté les actes de celui qui fut l'énergique antagoniste de l'empereur Frédéric II.

La publication des Registres d'Innocent IV par M. Elie Berger fait un pendant à l'*Histoire diplomatique de Frédéric II*, par Huillard-Bréholles. M. Berger a publié un précieux mémoire : *Saint Louis et Innocent IV*, d'une louable impartialité. Comme le roi de France offrit maintes fois sa médiation entre le pape et l'empereur, M. Berger a pu faire entrer sous ce titre presque toute l'histoire du pontificat d'Innocent IV, au moins pendant son séjour à Lyon. Il a parfaitement montré comment le pape fut à même de servir utilement les desseins de Louis IX, en favorisant le mariage de Charles d'Anjou avec l'héritière de la Provence.

L'empereur Frédéric II et ses premières négociations avec le pape, pendant deux ans, jusqu'au Concile de Lyon, ont été minutieusement étudiés par plusieurs érudits allemands. Depuis 1870 ils ne sont pas moins de quatre qui se sont adonnés aux recherches historiques à ce sujet. Wesener (1870), Tammen (1890), Weber (1900), Folz (1905). Une vue d'ensemble a été donnée par M. Rodenberg, déjà connu par son travail sur les Registres d'Innocent IV, dans son excellent ouvrage, paru en 1892 : *Innocent IV et le royaume de Sicile* (1245-54). Naturellement la récente *Histoire de Manfred,* par M. Karst, fournit de nombreux renseignements utiles.

L'intérêt du sujet explique amplement la composition d'un aussi grand nombre de monographies sur une aussi courte période de l'histoire de l'Église.

Ajoutons qu'elles ne sont pas toutes également intéressantes ; les faits n'étant guère contestés, les différents auteurs ne peuvent innover que par leurs commentaires et leurs discussions sur les mobiles qui ont fait agir les principaux personnages.

Peu de pontificats ont été plus remplis que celui d'Innocent IV, d'événements importants et d'une succession aussi déconcertante. La fuite du pape à Gênes, la déposition de Frédéric au concile de Lyon, la première croisade de saint Louis, abondent en épisodes dramatiques. La lutte acharnée entre le pape et l'empereur est un événement capital de l'histoire de l'Europe : elle eut pour conséquence, tout au moins indirecte, l'échec définitif des chrétiens en Palestine, et la chute de l'Empire latin de Constantinople.

# INNOCENT IV

## ET LA CHUTE DES HOHENSTAUFEN

---

### CHAPITRE PREMIER

#### Election d'Innocent IV.

L'Eglise romaine était en fort mauvaise situation dans les années 1242 et 1243. Plusieurs des prélats venus au concile convoqué par Grégoire IX pour juger Frédéric II étaient encore retenus captifs depuis la bataille navale du 3 mai 1241 ; l'empereur relâcha seulement en août 1242 Eudes, qui devint plus tard le cardinal de Porto. Après le court pontificat de Célestin IV (25 octobre — 10 novembre 1241) la vacance du Saint-Siège dura dix-huit mois. Les cardinaux, n'osant se réunir à Rome, qui était pressée par les armées de Frédéric II, erraient de ville en ville.

L'empereur avait conçu le dessein de s'emparer de la capitale de la papauté, mais l'entreprise s'annonçant comme assez difficile, il renonça à son projet. Il rendit enfin la liberté à son plus grand ennemi Jacques, cardinal de Palestrina, à la suite de l'observation que lui firent les cardinaux, qu'il était lui-même un obstacle à la paix en les empêchant d'élire un pape. Après beaucoup de péripéties, le Sacré Collège, réuni à Anagni, procéda, le 24 juin 1243, à l'élection au pontificat suprême de Sinibaldo Fieschi, cardinal de Saint-Laurent *in Lucina*, qui prit le nom d'Innocent IV.

Le nouveau pape était encore dans la force de l'âge :
on ne sait d'ailleurs pas la date exacte de sa naissance.
Il était Génois et de la grande famille des comtes de
Lavagna. Il avait étudié, puis professé le droit à Bologne, et il était devenu un canoniste fort réputé. En
1226, Honorius III l'avait désigné comme auditeur
pontifical des « lettres contredites ». Grégoire IX l'avait
nommé vice-chancelier de l'Eglise romaine, cardinal
(28 juillet 1227) et recteur de la Marche d'Ancône. Il
fut peut-être, en 1235, évêque d'Albenga en Ligurie.

La lettre par laquelle Frédéric II le félicita de son
avènement prouve qu'avant cette élection ils avaient
déjà eu des rapports empreints d'une certaine cordialité.
« Vous étiez un ami, lui écrit-il, vous êtes devenu pour
nous un père, » et, faisant un jeu de mots sur le nom
d'Innocent, il lui souhaite d'être sévère pour les mé-
chants, mais bon pour les innocents. La suite prouva
que si le cardinal de Saint-Laurent avait adopté le
nom d'Innocent IV, c'était pour bien montrer qu'il entendait continuer les traditions du grand pape Innocent III (1). En notifiant son avènement aux princes,
le 2 juillet, il déclara qu'il maintiendrait tous les droits
de la papauté.

Désirant marquer sa bonne volonté, l'empereur
entama aussitôt des négociations en vue du rétablisse-
ment de la paix, depuis longtemps troublée entre la
papauté et l'empire. Pendant tout le règne d'Innocent IV, qui dura onze ans et cinq mois, des tentatives
de ce genre furent maintes fois renouvelées. Certaines
furent conduites par des médiateurs éminents, tels que
Raymond VII de Toulouse, l'empereur latin de Constantinople Baudouin, le patriarche d'Antioche Albert,
Simon de Montfort, Thomas de Savoie. Louis IX même
s'intéressa à la réussite des négociations.

Si malgré les qualités des intermédiaires, elles n'abou-
tirent à la conclusion d'aucun traité, c'est que leur
succès était contrarié par des difficultés relatives aux

(1) Voir dans la Collection *Science et Religion*, n° 353, *Innocent III
et l'apogée du pouvoir pontifical*, par l'abbé J. Brugerette.

prétentions de l'Empereur à la possession souveraine de certains territoires italiens.

Le duché de Spolète et la Marche d'Ancône faisaient partie du patrimoine de l'Eglise. Mais Frédéric II les avait enlevés à Grégoire IX lors de sa seconde excommunication en 1239 et il les détenait depuis lors pour la plus grande partie ; il les avait donnés en vicariat à Richard de Caserte (1). Le pape, d'un côté, n'avait jamais abandonné ses droits sur ces Etats et, d'un autre côté, l'Empereur avait un intérêt primordial à conserver ses conquêtes, afin d'avoir, pour les mouvements de ses troupes, une route ininterrompue entre ses états napolitains et ceux d'Allemagne.

Le Pape n'avait pas des intérêts moins importants à sauvegarder : l'alliance avec les villes lombardes avait été maintenue par ses prédécesseurs depuis plus de soixante-dix ans et avait survécu à la défaite qui avait été infligée aux Lombards par Frédéric à Cortenuova en 1237. Milan était la principale ville alliée du Pape ; Plaisance était également pontificale alors. Beaucoup de princes et de villes oscillaient d'un parti à l'autre. Le chef de l'Eglise tenait à faire comprendre dans la paix ses alliés lombards, chez qui il maintenait un habile légat, Grégoire de Montelongo. La Lombardie était d'ailleurs fort agitée ; les hérétiques y étaient très nombreux, à Vérone gouvernait un tyran célèbre, Eccelino da Romano. Quoique l'influence du Pape ne fût pas très grande dans certaines parties de la Lombardie (il lui faudra dix ans avant d'oser excommunier Eccelino), il pouvait y conserver des intelligences ou seconder de façon plus ou moins directe des révoltes contre Frédéric II. Tels étaient les deux points sur lesquels les prétentions réciproques des deux adversaires se heurtaient et rendaient toute conciliation foncièrement impossible.

Ce fut une fatalité que l'attention des deux adversaires fût ainsi concentrée sur l'Italie, car il ne man-

(1) WEBER. *Der Kampf zwischen Papst Innocenz IV und Kaiser Friedrich II,...* p. 12.

quait pas ailleurs d'événements intéressant toute la chrétienté.

L'invasion des Tatars–Mongols menaçait de submerger l'Europe ; le roi de Hongrie Béla demandait des secours aux Occidentaux ; la Russie était tout entière soumise à la Horde d'Or.

En Palestine, les chrétiens avaient formé des alliances avec les sultans de Damas et de Krak, mais l'invasion des Kharismiens allait bientôt faire tomber la Ville sainte aux mains des musulmans.

L'empire latin de Constantinople, création de la quatrième croisade, était rétréci par des retours offensifs des Grecs, qui prenaient pied dans la Grèce, alors appelée Romanie.

À l'Occident, grandissait la puissance du jeune roi de France Louis IX, qui venait de vaincre son beau-frère Henri III d'Angleterre à Taillebourg et à Saintes. Le roi, admirablement élevé par sa mère Blanche de Castille, avait des frères pleins d'ambition et de talent. À la suite d'une maladie grave, il allait bientôt prendre la croix et, lui seul en Europe, essayer de répondre aux désirs de la chrétienté.

# CHAPITRE II

## Négociations avec Frédéric II,
## jusqu'à la fuite à Lyon (1243-1244.)

Frédéric II voulut tenter une conciliation avec la papauté contre qui il avait lutté presque tout le temps du pontificat de Grégoire IX. Il envoya donc à Innocent IV Gérard de Malberg, grand-maître des Chevaliers Teutoniques, Ansald de Mari, amiral de l'Empire et de la Sicile (1), Pierre de la Vigne et Thaddée de Suessa, juges de sa haute cour, et Roger Porcastrello, doyen de Messine. Le pape refusa de les recevoir, parce qu'étant ambassadeurs d'un prince excommunié, ils étaient eux-mêmes excommuniés. C'est alors que Frédéric aurait prononcé ce mot légendaire : « Le cardinal Fieschi était mon ami, Innocent IV sera mon ennemi. »

Le pape envoya de son côté à l'Empereur, Pierre, archevêque de Rouen, Guillaume, évêque de Modène, Guillaume, abbé de Sahagun, qui avait déjà été médiateur entre Frédéric II et Grégoire IX. Ils devaient lui demander la mise en liberté du restant des prélats retenus depuis 1241, la réparation des dommages causés à l'Eglise, et, s'il estimait au contraire que l'Eglise avait des torts envers lui, l'envoi de députés à un concile œcuménique.

Frédéric riposta en demandant que Grégoire de Montelongo fût rappelé de chez les Lombards, en se plaignant de l'appui accordé à son ennemi, l'archevêque de Mayence, des menées de l'évêque élu d'Avi-

_________

(1) Cette expression : royaume de Sicile, comprend aussi bien le royaume de Naples que l'île de Sicile.

gnon, contraires au comte de Toulouse (1) (23 août).

Le 26 août 1243, Innocent IV réfuta les objections de l'Empereur (2). L'archevêque de Mayence sera fidèle à Frédéric II quand l'Empereur sera rentré en grâce avec l'Eglise ; — l'évêque élu d'Avignon est légat pour réprimer les hérétiques de Provence, sur la demande même des Frères Prêcheurs.

La seconde ambassade de Frédéric II était composée de l'archevêque de Palerme, des juges Thaddée et Pierre. Ils furent absous le 2 septembre. — Frédéric II demandait au moins de retenir en fief de l'Eglise, contre un cens annuel, les pays qu'il lui avait enlevés. En retour, il s'engageait à mettre 500 cavaliers au service du pape, à payer 30.000 marcs d'argent sur les dettes de l'Eglise, qu'Innocent IV évaluait à 150.000 marcs, et à reconquérir la Terre Sainte à ses frais. S'il eût accepté ces conditions, Innocent IV n'eût jamais repris possession de ses Etats : aussi il refusa ces propositions. Le 23 septembre, il assura au légat Grégoire qu'il n'accepterait jamais qu'une paix favorable aux confédérés lombards.

Innocent IV était certainement disposé à ne pas signer la paix, car au même moment il faisait révolter Viterbe contre Frédéric. Le complot avait échoué le 15 août, il réussit dans la nuit du 8 au 9 septembre. Le pape était d'accord avec le cardinal Raynier, de Sainte-Marie *in Cosmedin*, qu'il avait nommé évêque de Viterbe, mais vu la mauvaise situation financière du Saint-Siège, il redoutait les dépenses. Il trouva cependant moyen d'envoyer 2.500 onces d'or aux Viterbiens (7 octobre 1243). L'Empereur Frédéric II vint devant la ville, mais il éprouva deux échecs, le 11 octobre et le 10 novembre, et leva le siège. Othon, cardinal de Saint-Nicolas *in Carcere Tulliano*, devenu évêque de Porto, permit la libre sortie de la garnison impériale et promit le respect de tous les biens des

(1) BERGER, Mémoire cité, p. 51.

(2) Le même jour, il écrit à l'évêque d'Arezzo de n'absoudre les Frédériciens de la Marche d'Ancône que s'ils promettent de ne jamais revenir dans le parti de l'Empereur.

adhérents de Frédéric. Néanmoins, les Romains, qui ne brillaient pas par un excès de bravoure et de loyauté, firent une petite expédition, et brûlèrent tous les biens des Frédériciens qu'ils trouvèrent sans défense. L'empereur se retira à Pise.

Au même moment, Boniface de Montferrat quittait le parti de l'empereur, et Adelasia, reine de Sardaigne, qui après la mort d'Ubald de Pise, avait épousé Enzio, fils naturel de Frédéric II, demanda son absolution au pape.

Malgré ces deux premiers échecs, Frédéric entama, au début de 1244, de nouvelles négociations qui furent bien près de réussir (1). Les principaux médiateurs furent le comte Raymond VII de Toulouse, — que le pape venait d'absoudre le 2 décembre 1243 et de recommander à saint Louis, — et Baudouin de Constantinople. Comme son empire était fort menacé par les Grecs, celui-ci était intéressé à voir la paix se rétablir entre le pape et l'empereur, afin d'obtenir des secours par les Occidentaux.

Le 12 mars, Frédéric II donna pleins pouvoirs à Baudouin et à Raymond pour signer un traité sur les bases suivantes :

Reconnaissance de l'autorité du souverain pontife sur tous les clercs et les laïques et même sur l'Empereur.

Engagement de libérer tous les captifs, de bâtir des églises et des hôpitaux en expiation de la capture des prélats, de concéder une amnistie générale aux partisans du pape et enfin de restituer à l'Eglise tout ce qu'il lui avait enlevé à l'époque de son excommunication. Toutefois, le projet de traité ne fixait ni forme ni date ferme pour cette restitution en ce qui concernait les territoires occupés.

L'empereur reconnaissait formellement qu'il avait été excommunié, mais il ajoutait que la sentence ne lui

(1) L'évêque élu de Bamberg et Conrad de Hohenlohe étaient venus trouver Frédéric et lui représenter que l'intérêt de l'empire exigeait la paix. TAMMEN, *Kaiser Friedrich II und Papst Innocenz IV*, p. 21.

avait pas été régulièrement notifiée et que, selon les
conseils des évêques et des grands d'Allemagne et
d'Italie, il s'était abstenu de l'observer. Désormais, il
l'observerait humblement jusqu'au jour de son absolution.

Le 28 mars 1244, Frédéric II autorisa ses envoyés à
jurer la paix, et le pape, de son côté, lui donna le titre
de « fils catholique » au cours des cérémonies du Jeudi-
Saint (31 mars) pendant lesquelles étaient solennellement promulguées les excommunications. Cet échange
de manifestations favorables donnait à croire que la
paix allait certainement être signée, mais, au dernier
moment, Frédéric « manqua de foi » suivant les ex-
pressions de Mathieu Pàris et de Raynaldi, qui, cette
fois, sont d'accord.

La rupture était donc de nouveau complète. Quelle
était la cause de ce revirement ? Sans doute le manque
de clarté de certaines clauses du traité. Il n'élucidait
ni la question des droits régaliens de l'empereur en
Lombardie, pour laquelle celui-ci voulait recourir au
jugement des princes allemands, ni celle de savoir si la
restitution des Etats de l'Eglise devait précéder ou suivre
l'absolution. Il est difficile de croire que Frédéric, qui
n'avait subi aucune défaite sérieuse, n'eût pas tenu à
ne pas se dessaisir de ses gages avant d'être absous. En
définitive, on ne sait pas au juste ce qui motiva l'échec
des négociations ; suivant les auteurs allemands, ce fut
le résultat des instances des Lombards auprès du pape.

Frédéric II avait voulu forcer les Frangipani à lui
céder la moitié du Colisée, qu'ils tenaient en fief du
pape. Innocent IV annula cette cession comme arra-
chée par la terreur (16 avril). Quinze jours après, il
informa de l'échec des négociations Henri, landgrave
de Thuringe, en lui souhaitant « d'achever rapidement
l'ouvrage commencé » (30 avril). Il pensait donc déjà
à le faire anticésar (2).

Le pape compléta le Sacré-Collège, pour fortifier

(1) Mathieu Pàris, éd. citée, p. 239-241.
(2) An. 1244, n° 21.

son parti, par une promotion de douze cardinaux, trois évêques, trois prêtres, six diacres. On cite parmi eux Jean de Tolède, anglais de naissance, Octavien, procureur de l'Eglise de Bologne, Pierre, archevêque de Rouen, Pierre Capocci et Guillaume Fieschi, neveu du pape.

Frédéric II, regrettant peut-être que l'entente n'eût pu être conclue avec le pape, lui offrit la restitution immédiate d'une moitié des Etats de l'Eglise, s'il venait négocier en Campanie. Mais le pape craignit sans doute quelque embûche, et au lieu d'aller en Campanie, il se rendit à Civita-Castellana, au nord de Rome (7 juin). Mais il avait envoyé Pierre, évêque d'Albano, et Eudes, évêque de Porto, auprès de Frédéric.

Innocent IV était en proie aux plus grandes inquiétudes ; il ne rencontrait pas à sa propre cour une approbation unanime : un certain nombre de cardinaux espéraient une réconciliation entre la papauté et l'empire. Au mois de mai 1244, l'empereur tenta de se faire relever de son excommunication par les cardinaux Pierre et Eudes, qui en recevraient le mandat du collège des cardinaux, même sans le demander au pape *(papa irrequisito)* (1). Cette désunion entre le pape et les cardinaux eût été désastreuse pour Innocent IV.

Bref, les rapports entre le pape et l'empereur étaient arrivés à un degré de tension extrême. Certaines traditions, d'ailleurs contestables, parlent de 300 hommes armés placés en embuscade pour s'emparer de la personne du pontife. L'empereur n'en voulait sans doute pas à la vie d'Innocent IV. Il n'est pas douteux cependant que, tant qu'il restait en Italie, Innocent IV courait à tout moment le risque de voir l'empereur intercepter ses communications avec le monde chrétien. Les revenus de l'Eglise romaine en Italie étaient fort diminués par les Impériaux. La perpétuelle résidence de Frédéric II en Italie et spécialement dans le royaume de Naples, mettaient à chaque instant les deux adversaires face à face ; dans ces conflits incessants, le pape était loin d'avoir beaucoup d'avantages.

(1) WEBER (H.), ouv. cité, p. 74.

Aussi, pendant qu'il amusait Frédéric avec les négociations des cardinaux d'Albano et de Porto, prit-il ses dispositions pour sa fuite, qu'il exécuta ensuite avec une admirable habileté (1).

Le 10 juin 1244, il avait envoyé à Gênes un de ses parents, Bojolo, frère mineur, pour dépeindre sa détresse et demander l'envoi d'une flotte pour l'escorter, car il ne se souciait pas de se faire capturer en cours de route. Il prit avec lui Guillaume, cardinal-diacre de Saint-Eustache, son neveu, Nicolas de Curbio, frère mineur, son chapelain et confesseur (2), plus tard évêque d'Assise, Mezia son neveu, Bonvicini, templier, et Thomas, hospitalier. Le 29 juin, il arriva à Civita-Vecchia où il s'embarqua. Le lendemain, il fut suivi par cinq cardinaux : Guillaume, évêque de Sabine, Jean de Tolède, cardinal prêtre de Saint-Laurent in Lucina, Pierre Capocci, cardinal-diacre de Saint-Georges au Vélabre, Jean Gaétani, de Saint-Nicolas *in carcere Tulliano*. Sept autres vinrent par terre et le rejoignirent à Suse : Eudes, évêque de Porto, Pierre de Bar, cardinal-prêtre de Saint-Marcel, et Guillaume du titre des Douze Apôtres et les cardinaux diacres, Gilles de Saint-Côme, Octavien de Sainte-Marie *in via lata*, Geoffroy, de Saint-Adrien. Quatre restèrent en Italie par la volonté du pape, Etienne, cardinal-prêtre de Sainte-Marie au Trastevere, vicaire de Rome, Raynier de Sainte-Marie *in Cosmedin*, légat en Toscane, duché de Spolète, Marche d'Ancône, Patrimoine et Richard, cardinal de Saint-Ange, chargé de la Campagne et de la Maremme. Raynald, évêque d'Ostie, neveu de Grégoire IX, resta aussi avec eux (3).

Le 6 juillet, Innocent IV débarqua à Gênes. Cette fuite fit perdre à Frédéric II la plupart des avantages

(1) Raynaldi en a emprunté le récit à Mathieu Pâris.

(2) J'emprunte au chapitre 14 de sa biographie ce tableau du Sacré-Collège.

(3) Pour compléter le collège cardinalice, il faut encore citer Eudes, de Frascati et Hugues de Saint-Cher, cardinal-prêtre de Sainte-Sabine, nommés en 1244, qui, venant de France, rejoignirent le pape à Suse.

diplomatiques qu'il pensait avoir acquis. Mais la santé du pape avait été fortement éprouvée par les fatigues et les soucis du voyage, ce qui l'obligea à prendre un repos de trois mois au monastère cistercien de Saint-André ; au cours de la suite de son voyage, vers le Mont-Cenis, il ne laissa pas néanmoins de tomber gravement malade. Son énergie triompha de la maladie, et il songea à se procurer un asile sûr.

De Gênes, il écrivit aux Cisterciens qui étaient à la veille de tenir leur chapitre général le 29 septembre, en la présence de Louis IX, pour le charger de demander au roi de France de vouloir bien lui donner asile, comme son arrière-grand-père Louis VII l'avait fait pour le pape Alexandre III. Frédéric II, qui avait vainement envoyé des négociateurs à Savone (1), sentit que si le pape était soutenu par la France, le succès de sa politique serait compromis. Il prit donc le parti d'envoyer également des ambassadeurs au chapitre cistercien. Louis IX refusa de prendre parti entre les deux adversaires, et il se borna à déclarer qu'il ne laisserait pas l'empereur opprimer le pape.

Jugeant par cette réponse qu'il ne pourrait s'établir dans une terre du roi de France, le pape songea à s'installer dans un pays neutre ; il choisit à cet effet la ville de Lyon, à peu près indépendante de l'empire, mais non encore réunie à la France, et dont l'archevêque était le véritable seigneur.

Après avoir traversé les Alpes par le Mont-Cenis, le pape descendit la vallée de la Maurienne, s'embarqua sur le lac du Bourget et arriva à Lyon par le Rhône. Il y fit son entrée le 2 décembre 1244 et choisit pour résidence l'abbaye de Saint-Just, située sur la colline de Fourvière et entourée d'une solide fortification.

Il organisa intelligemment sa cour et y établit une école, tant de théologie que de droit, de décrétales comme de lois. Il devait rester dans cette ville plus de six ans et y gouverner en toute liberté le monde chrétien.

---

(1) En août 1244, il avait lancé un manifeste à ses fidèles pour se plaindre de la fuite du pape et envoyé Gautier d'Ocra à Londres.

# CHAPITRE III

## Le concile de Lyon (1).

Une fois en sûreté derrière les murailles de l'abbaye, le pape s'occupa de la grande affaire qui l'avait amené à Lyon. Le 28 décembre, il annonça un concile pour la Saint-Jean 1245. Le 4 janvier de cette année, il y convoqua les princes et les évêques de tous les pays catholiques pour traiter les questions concernant les Tartares, la Terre Sainte et les rapports de l'Eglise avec l'empereur.

L'archevêque de Lyon, Aimery, « homme simple, sans malice » et d'un âge très avancé, résigna bientôt son siège ; le pape en confia l'administration à un frère du comte Amédée de Savoie, Philippe de Savoie, qui était un homme de guerre plutôt qu'un prélat, et qui n'avait pas même reçu les ordres majeurs. Il était de la plus grande importance pour le pape d'avoir de bonnes relations avec la famille qui tenait les passages des Alpes, mais il n'y parvint que tardivement.

Avant la réunion du concile, où l'on pouvait prévoir la condamnation de Frédéric, de suprêmes négociations furent encore entamées par le patriarche d'Antioche Albert, qui avait apporté en Occident la nouvelle des malheurs de la Terre Sainte. Le pape ne refusa pas de s'y prêter, bien qu'il ne crût guère possible d'en espérer une issue favorable. Par une lettre du 30 avril, il se déclarait disposé à absoudre Frédéric, dès que celui-ci aurait restitué les territoires enlevés à l'Eglise (2). Ces

(1) Voir le manuscrit latin 1765 des *Nouvelles Acquisitions de la Bibliothèque Nationale*, f° 72-73 v°.

(2) RAYNALDI, an. 1245, n° 3.

dernières négociations demeurèrent inutiles et les choses étaient encore dans le même état lors de la réunion du concile, le 26 juin 1245. Cette haute assemblée comptait beaucoup de prélats français et espagnols (1). Ces derniers étaient fort animés contre l'empereur, un grand nombre d'entre leurs compatriotes ayant été victimes de la bataille navale de 1241 ; il y eut un certain nombre d'Anglais, mais fort peu d'Allemands et d'Italiens. La nécessité de la lutte contre Frédéric II, et l'impossibilité de déjouer la surveillance des Impériaux en retint un grand nombre. Quoique le concile de Lyon n'ait compté en tout que cent quarante prélats, il fut certainement œcuménique et Frédéric II, qui s'y fit représenter, ne pouvait sérieusement alléguer qu'il n'y avait pas été cité.

Dans une séance préparatoire, qui eut lieu le 26 juin au réfectoire de Saint-Just, Thaddée de Suessa, qui défendit courageusement son maître, alors que Pierre de la Vigne gardait le silence, vint faire des promesses au nom de l'empereur. Il réconcilierait les Grecs et les Latins (2), repousserait l'invasion des Tartares, restituerait les territoires enlevés à l'Eglise. « Que de promesses, qui n'ont jamais été tenues, » dit le pape. Thaddée invoqua la garantie des rois de France et d'Angleterre, mais le pape la refusa.

Le concile se réunit une première fois, en session solennelle, le 28 juin, dans la cathédrale Saint-Jean, dont le pape devait, dans la suite, consacrer le maître-autel. L'empereur latin de Constantinople prit place à côté du pape, trois patriarches étaient présents, ceux de Constantinople, d'Antioche et d'Aquilée. Le pape ouvrit la première session par un grand discours, dont tous les auteurs reconnaissent l'éloquence, sur les cinq plaies de l'Eglise, qu'il comparait aux cinq plaies du Sauveur en croix. C'étaient les désordres dans le clergé

(1) Quant aux prélats anglais, ils élevèrent des plaintes contre le tribut imposé au roi Jean par Innocent III.

(2) Frédéric avait donné sa fille naturelle Anne à Vatacès, empereur grec de Nicée.

les progrès des schismatiques grecs, l'invasion des Tartares dans l'Europe orientale, les incursions des Kharismiens en Terre-Sainte, enfin et surtout les persécutions
de Frédéric contre l'Eglise.

L'empereur avait prétendu n'en vouloir qu'à Grégoire IX ; néanmoins, il n'avait pas cessé d'attaquer
l'Eglise, pendant la vacance du pontificat.

Pour montrer la mauvaise foi de Frédéric II, Innocent IV fit donner lecture au concile d'un privilège
scellé d'une bulle d'or où il avait rendu hommage à
Honorius en qualité de vassal, et un autre où il avouait
que le royaume de Sicile et la Pouille étaient le patrimoine du Saint-Siège et renonçait à tout droit sur les
élections ecclésiastiques. « Le juge Thaddée défendit
Frédéric sur tous les points et sa réponse fut agréable
à beaucoup (1). »

La seconde session se tint le 5 juillet. L'évêque de
Carinola, en Sicile, accusa violemment Frédéric notamment au sujet de la détention des prélats qui se rendaient au concile en 1241. Il les aurait libérés plus tôt,
répondit Thaddée, en particulier l'évêque de Palestrina, si celui-ci, tout captif qu'il était, n'avait outragé
l'empereur, en prononçant contre lui l'excommunication.

Le pape était prêt à requérir immédiatement condamnation contre Frédéric, mais, à la suite de l'intervention des rois de France et d'Angleterre, le concile
accorda à l'empereur un délai de quinze jours, pour lui
permettre de présenter de nouvelles justifications, s'il
croyait devoir le faire. Gautier d'Ocra fut envoyé auprès
de l'empereur qui était à Turin, mais il ne revint pas
en temps utile pour la troisième session qui se tint
le 17 juillet 1245. Thaddée en appela en vain à un
concile plus nombreux. La sentence « horrible et stu-
péfiante » comme dit Páris, n'en fut pas moins prononcée. Après que le pape eut rappelé les tentatives de
paix faites auprès de Frédéric (plutôt de la part de
Frédéric) et se fut plaint de l'obstination de l'empereur,

(1) Manuscrit cité, f° 72, v°.

il formula contre lui les griefs suivants : Il a méprisé les censures ecclésiastiques, occupé les terres de l'Eglise, violé les promesses faites au Saint-Siège, opprimé l'église de Sicile, capturé perfidement les prélats en 1241 ; il est à bon droit suspect d'hérésie par ses relations avec les Sarrasins dont il adopte les mœurs, il a donné sa fille au schismatique Vatacès, empereur grec de Nicée et de Thessalonique ; depuis neuf ans, il n'a pas payé le tribut pour la Sicile. Pour tous ces motifs il s'est rendu indigne de la dignité impériale. Le concile, adoptant la conclusion du Saint-Père, prononça la déposition de l'empereur et délia ses sujets du serment de fidélité. A la suite de la lecture de cette sentence, les Pères éteignirent les flambeaux qu'ils avaient tenus allumés.

Le pape déclara que, du conseil des cardinaux, il pourvoirait plus tard aux destinées du royaume de Sicile. « Jour de colère, de calamités et de misère, s'écria Thaddée. Jour de joie et de victoire pour les hérétiques ; les Kharismiens et les Tartares ! » Le pape répondit, « J'ai fait mon devoir ; que Dieu exécute sa volonté. » L'évêque de Stade proposa même d'excommunier tous ceux qui traiteraient encore Frédéric d'empereur (1).

Quel effet, remarque justement M. Weber, devait produire la sentence de l'Eglise déclarant réprouvé celui que précédemment elle avait consacré (2) !

Quoique la condamnation de Frédéric II ait été la grande affaire du concile de Lyon, d'autres questions y furent encore traitées. Le pape présenta un mémoire par lequel il proposait diverses mesures en vue de secourir l'empire de Constantinople : il ordonna de prélever la moitié du revenu des bénéfices dont les titulaires ne résidaient pas, ainsi que le tiers des revenus excédant cent marcs d'argent : des collecteurs spéciaux furent chargés de ce soin.

(1) Jusqu'à la mort de Frédéric, les *Annales ecclésiastiques* de Raynaldi comptent par le nombre des années de son empire.

(2) Ouvr. cité, p. 85.

Le pape prescrivit encore de fortifier les frontières des pays que les Tartares menaçaient d'envahir et de préparer une expédition contre les Sarrasins. Il prohiba les tournois, comme plus tard, il devait interdire les duels. Il défendit de porter aux Musulmans des marchandises pendant quatre ans.

Il fit lire dans le concile les privilèges accordés par les souverains au Saint-Siège et les fit signer par tous les Pères présents. Ces documents importants nous ont été conservés dans un recueil connu sous le nom de Rouleaux de Cluny.

Le pape institua en outre la fête de l'octave de la Nativité de la Sainte Vierge, et confirma les privilèges de l'ordre de Grandmont, dont le général avait assisté au concile. Enfin, on croit que c'est à ce concile de Lyon que remonte l'emploi du chapeau rouge comme insigne de la dignité cardinalice.

Après la promulgation de ces différents décrets, le concile se sépara et les ambassadeurs de l'empereur allèrent le retrouver à Turin et lui communiquer la sentence portée contre lui.

Bien qu'il s'y attendît, Frédéric II reçut avec colère la nouvelle de sa déposition. « J'ai encore une couronne, dit-il, et je ne la perdrai pas sans une guerre sanglante. » Il envoya aux princes européens une circulaire violente contre le pape, où il les engageait à trembler pour leurs couronnes. Cette diatribe lui fit le plus grand tort, comme le reconnaît Mathieu Pâris lui-même. « Je n'ai été ni cité, ni convaincu d'aucune fraude, ni d'aucun méfait, disait-il. J'ai pour moi la pureté de ma conscience. » Il ajoutait que c'était « une œuvre charitable que d'enlever aux ecclésiastiques les richesses dont ils usaient mal et de les ramener à la pauvreté des temps apostoliques. » On s'aperçut alors que Frédéric II n'en voulait pas au pape seul, mais à toute l'Église catholique. Jamais il ne chercha, d'ailleurs, à opposer un antipape à Innocent IV, même quand celui-ci lui eut opposé un anticésar.

Pendant ce temps, le pape s'assurait de solides protections contre les menaces de l'empereur.

A la fin de l'année 1245, il eut avec le roi de France, à Cluny, une entrevue qui dura huit jours et à laquelle assista seulement la reine Blanche (30 novembre-6 décembre). Les chroniqueurs ne sont jamais parvenus à savoir ce qui s'y était passé entre ces trois personnages. Mathieu Paris prétend que Louis IX essaya encore une fois de réconcilier le pape et l'empereur et qu'il partit en colère (1) de voir l'obstination d'Innocent IV. Il dut être également question de la croisade, à laquelle le roi s'était engagé dès avant le concile de Lyon (2).

Le roi ne négligea pas d'intéresser le souverain pontife à la question du mariage de la princesse Béatrice, fille et héritière de Raymond-Bérenger, comte de Provence. Elle était alors recherchée par un prince aragonais, par Raymond VII de Toulouse et par Charles d'Anjou, frère du roi. Celui-ci désirait vivement que son frère fût préféré. En favorisant la conclusion de ce mariage, Innocent IV rendit un service signalé à la France, en même temps qu'il établissait dans le Midi de la France un prince puissant, sur lequel il pouvait compter pour le défendre contre les tentatives d'invasion de l'empereur (3).

---

(1) La sentence de déposition était parfois jugée avec sévérité, puisque Innocent IV se crut obligé d'écrire une lettre aux Cisterciens (14 septembre 1245) où il dit qu'aucune cause n'a été examinée avec plus de maturité. RAYNALDI, an. 1245, n° 64.

(2) BERGER, p. 109.

(3) BERGER, p. 116.

# CHAPITRE IV

## Ressources financières d'Innocent IV.

Il ne suffisait pas au pape d'avoir acquis l'alliance de princes puissants. Il lui fallait encore les moyens de soutenir une lutte acharnée contre l'empereur déposé. « Il y eut rarement dans l'histoire une haine aussi grande qu'entre Innocent IV et Frédéric II », affirme Mathieu Paris. Frédéric II avait des armées et beaucoup d'argent ; la possession de la Sicile faisait de lui le prince le plus riche de l'Europe.

Pour lever des armées, pour susciter contre Frédéric II des insurrections et des compétitions, il fallait au pape beaucoup d'argent (1) ; or la situation du trésor pontifical était assez précaire. Ses anciens revenus d'Italie lui échappaient à peu près complètement et l'entretien de la cour à Lyon était fort dispendieux. Innocent IV dut donc recourir à des procédés extraordinaires pour remplir ses coffres. S'il ne fut pas l'auteur des abus qui soulevèrent des plaintes universelles, il les développa tout au moins à un degré qui n'avait pas été atteint avant lui. « Aucun pape, dit M. Rodenberg, ne se servit plus des moyens matériels de l'Eglise (2). »

Parmi les procédés auxquels Innocent IV eut recours, il faut signaler principalement la mise à la disposition du pape des revenus des églises et de ceux attachés aux dignités ecclésiastiques. Les canonicats de n'importe quel pays furent souvent conférés à des étrangers ; un grand nombre d'Italiens reçurent ainsi des prébendes en

---

(1) Pendant sept ans, il eut à dépenser plus de 200.000 marcs d'argent contre Frédéric II. (Nicolas de Curbio, ch. 29.)

(2) Page 17.

France. Il faut reconnaître d'ailleurs qu'au moyen âge les plus grandes dignités ecclésiastiques n'étaient pas toujours remplies par des prélats nationaux. Le Français Gerbert d'Aurillac avait été archevêque de Ravenne. Sous Innocent IV, l'archevêque de Rouen, Pierre de Collemedio, qui devint cardinal-évêque d'Albano, était *ortu Campanus* : M. l'abbé Vacandard le croit, non de la Champagne, mais de la Campagne Romaine (1).

Innocent IV développa aussi exagérément les expectatives. Le chapitre de Constance comprenait 20 prébendes ; jusqu'en septembre 1248, le pape en avait déjà promis 38 (2). On ne saurait trop regretter ce procédé, qui multipliait le nombre des candidats attendant avec impatience la mort de leurs prédécesseurs.

Dans les pays où régnait encore la liberté des élections, le pape la restreignit considérablement. Dans un livre sur *La nomination aux évéchés allemands sous Innocent IV*, M. Aldinger (3) a apporté des preuves de la fréquente intervention du pape dans les nominations épiscopales de l'Allemagne. Il est vrai, dit-il, que les Hohenstaufen ayant été fort indifférents aux questions religieuses, le pape eut beau jeu à s'ingérer par l'intermédiaire de ses légats *a latere* dans le choix des évêques allemands, il ne rencontra que des résistances locales.

Les procédés financiers d'Innocent IV trouvèrent des censeurs dans des pays en majorité fidèles à la papauté. Les curieuses légendes recueillies par Mathieu Pâris, sur Robert Grossetête, évêque de Lincoln, frappant violemment le Pape d'un coup de bâton pendant son sommeil et de la vision d'un cardinal (selon certains, Raynald d'Ostie, le futur Alexandre IV) qui aurait aperçu l'Eglise elle-même accusant devant le trône de Dieu Innocent IV de l'avoir dévastée, reflètent l'opinion populaire au sujet de la fiscalité de ce pape. Sans

(1) *Revue des Questions historiques* 1906, p. 605-619.

(2) Rodenberg, ouvr. cité, p. 8.

(3) Bibl. Nat. in-8° M. 11.625.

recourir aux légendes , on connaît des protestations réelles contre ces abus.

La France était très voisine de la résidence du pape et devait souffrir d'autant plus de ces exactions qu'elles s'ajoutaient aux décimes accordées par le Pape au roi pour la préparation de sa croisade. La conjuration des barons français contre la juridiction ecclésiastique (1) (Raynaldi va jusqu'à dire qu'ils avaient été soudoyés par l'empereur) peut bien avoir été causée par les exactions pontificales. Les plaintes de la France furent d'ailleurs appuyées par une solennelle protestation de Louis IX, qui fut portée au Pape au mois de juin 1247. Innocent IV essaya de remédier en quelque mesure aux abus dont se plaignait le saint roi (2).

On peut supposer avec assez de vraisemblance que l'intransigeance de la politique pontificale qui rendait nécessaires ces impôts extraordinaires ne fut pas approuvée par tous les cardinaux. Nous verrons plus tard qu'Innocent IV dut renoncer peu à peu à sa fiscalité, lorsqu'il voulut donner des satisfactions au parti de la paix qui, malgré tout, exista sans cesse autour de lui.

(1) Berger, p. 175-178.
(2) *Ibid.*, p. 194-196.

# CHAPITRE V

## Lutte d'Innocent IV contre Frédéric II en Allemagne et en Italie.

Tant que Frédéric II vécut, le pape lutta contre lui principalement en Allemagne ; les événements accomplis en Italie se passèrent presque tous sans sa participation. Frédéric II en effet négligeait l'Allemagne, il préférait aux brumes du Nord le beau ciel de Naples et les agréments de la vie, au milieu d'une cour raffinée. Il laissait gouverner l'Allemagne par son fils Conrad, élu roi des Romains en 1237 ; c'est lui qui eut à supporter le poids de la lutte contre les anticésars qu'Innocent IV lui suscita.

Quelques mois après la déposition de Frédéric II, le pape exhorta les archevêques et les nobles à qui appartenait le droit électoral à procéder à une nouvelle élection (21 août). Le landgrave de Thuringe Henri Raspon, fut élu vers l'Ascension de 1246, et le pape lui envoya 15.000 marcs d'argent par le templier Bonvicini (1). Le nouveau roi battit Conrad à Francfort le 5 août 1246.

A partir de cette époque, le pape manifesta en toute occasion son intention de rendre effective et définitive la déchéance de Frédéric II.

Le 28 janvier 1247, il écrivait aux Strasbourgeois que la paix ne se ferait pas tant que Frédéric prétendrait être roi ou empereur. Conrad n'est pas nommé dans cette lettre. Dans une autre adressée à Aymon de Faucigny le 4 mai 1247, il déclarait qu'aucun des enfants de Frédéric ne serait roi ou empereur.

---

(1) NICOLAS DE CURBIO, ch. 21.

Il essayait même de lui enlever la Souabe et invitait le roi de Castille Alphonse à faire valoir les droits qu'il tenait de sa mère sur le duché de Souabe (3 mai 1246).

Dans une lettre écrite à Otto de Bavière, beau-père de Conrad, par un personnage hostile au pape, on pouvait lire que le pape laisserait à Conrad la Sicile et Jérusalem, s'il se séparait de son père, mais qu'il voulait conserver l'empire au landgrave de Thuringe, même si les étoiles tombaient du ciel (1). Cette lettre est de la fin de 1246 ou du début de 1247.

Le pape envoya alors en Allemagne le légat Pierre Capocci, cardinal de Saint-Georges au Vélabre, aussi distingué comme négociateur que comme homme de guerre, qui obtint d'excellents résultats. Le landgrave étant mort au mois de février 1247, les électeurs choisirent à sa place au mois d'octobre suivant, Guillaume de Hollande, jeune homme de vingt ans.

Innocent IV exhorta plusieurs fois les princes allemands à se rallier à sa cause, mais il fit entre eux un sage discernement. Les ducs de Saxe et de Brunswick, les marquis de Misnie et de Brandebourg gardèrent strictement la neutralité, et la croisade contre Frédéric ne fut pas prêchée dans leurs domaines. Le pape préférait leur neutralité à une hostilité déclarée. Au contraire, il n'y avait point de ménagements à garder avec le duc Otto de Bavière, dont Conrad, refusé par Isabelle, sœur de saint Louis, avait épousé la fille, Elisabeth. Otto fut excommunié.

Mais, la personne de Conrad fut temporairement ménagée. Lorsque Guillaume de Hollande confisqua la Souabe sur le fils de Frédéric II, aucune sanction pontificale n'intervint alors pour confirmer cette dépossession. C'est au mois de mai 1248 seulement, qu'Innocent IV chargea les évêques de Frisingen, de Passau et de Ratisbonne de prêcher la croisade contre Frédéric et en même temps contre Conrad (2). L'année se termina favorablement pour le prétendant, qui, après avoir

(1) Rodenberg, p. 23.
(2) Raynaldi, an. 1248, n° 7.

enlevé Aix-la-Chapelle, fut couronné par le légat au mois de novembre 1248 (1). Sans doute, Guillaume de Hollande eut depuis à subir bien des épreuves ; il faillit être brûlé vif le lendemain même de ses noces, et capturé par ses ennemis, en même temps que le légat pontifical. Mais le pape pouvait compter pour l'appuyer sur les princes qui l'avaient élu et sur tous les intérêts hostiles à Frédéric II qu'il avait su éveiller. Innocent IV, sans inquiétude grave de ce côté, avait donc toute liberté pour concentrer de nouveau son attention sur l'Italie.

Selon son habitude, Frédéric II avait répondu aux procédés pontificaux, tantôt par des actes d'hostilité, tantôt par de fallacieuses négociations.

En 1246, il avait failli être victime d'une conspiration, dont les auteurs s'étaient réfugiés à Rome. Leur chef était un certain Tebaldo, que l'empereur crut avoir été soudoyé par le pape. Telle est du moins l'assertion que contiennent deux lettres écrites à ce sujet au roi d'Angleterre, l'une par l'empereur lui-même, l'autre par le chancelier Gautier d'Ocra (15 avril 1246) et que Mathieu Páris a insérées dans sa chronique. Le 26 avril, le pape avait exhorté les Siciliens à reprendre leur liberté, mais Raynaldi a raison de ne voir dans l'envoi en Sicile des cardinaux Etienne et Raynier qu'une coïncidence fortuite avec cette conspiration. Ces deux prélats n'avaient pas des pouvoirs très étendus, et il ne se passait pas d'année qu'Innocent IV n'envoyât de semblables invitations aux Siciliens, sans songer à entreprendre de déposséder Frédéric II.

Malgré les soupçons qu'il alléguait contre le Saint-Siège, Frédéric offrit de nouveau des satisfactions au pape. Il consulta l'archevêque de Palerme, les abbés de Pavie, du Mont-Cassin, de Casanova, de la Cava et deux frères prêcheurs, sur sa propre orthodoxie et fit porter au pape le jugement favorable de cette commission

(1) Ibid., n° 14. Le pape commua les vœux de croisade des Frisons s'ils adhéraient à Guillaume. Il envoya au nouveau roi 30.000 marcs d'argent. (NICOLAS DE CURBIO, ch. 22.)

qu'il avait composée lui-même. Les cardinaux de Porto,
d'Albano et de Sainte-Sabine déclarèrent cette justification vaine, parce que Frédéric, s'il voulait s'excuser
valablement, n'avait qu'à venir lui-même, sans armes,
avec une suite modeste (23 mai 1246). Ce dernier répan-
dit alors de nouvelles lettres fort acerbes contre le pape,
déclarant qu'il tenait fermement au symbole de la foi
(31 juillet). L'opinion semble avoir été, à cette époque,
plus favorable à l'empereur, qui projeta de porter un
coup droit au pape, en dirigeant une expédition contre
Lyon. Il la prépara longtemps d'avance et dans le plus
grand secret. Au même moment le pape envoyait
14.000 marcs d'argent aux Lombards, avec le cardinal Octavien de Santa Maria *in via Lata* ; les troupes
pontificales furent dispersées par Amédée de Savoie,
au passage des Alpes et par la même occasion l'argent
disparut également (1). C'est alors que l'empereur
démasqua ses projets de se rendre à Lyon.

M. Rodenberg semble croire que l'empereur y venait
avec l'intention de faire sa paix avec Innocent IV,
mais qu'il fut rappelé en arrière par la révolte de
Parme. Nicolas de Curbio, Raynaldi (2) et après eux
M. Berger (3), affirment au contraire, que cette expédition armée avait pour but d'enlever le pape de Lyon. —
Saint Louis se crut tenu à protéger Innocent IV, comme
s'il était en territoire français ; d'autres grands sei-
gneurs annoncèrent aussi leur intention de défendre
le pape. Cette attitude seule suffit à faire reculer Frédéric II. Les remerciements adressés par Innocent IV
au roi et à Blanche de Castille prouvent bien que le
pape crut échapper à un danger sérieux.

Pendant l'absence du roi, qui devait partir l'année
suivante pour la croisade, le gouvernement de la
France revint à Blanche de Castille, dont l'énergie n'eût
pas toléré davantage une agression de Frédéric II contre
Innocent IV.

(1) Nicolas de Curbio, ch. 23.
(2) An. 1247, n° 10.
(3) Berger, p. 187.

Depuis l'échec du coup de main tenté sur Lyon, Frédéric II eut assez à faire en Italie pour ne pas renouveler cette entreprise. Parme s'était révoltée le 16 juin 1247 ; il vint mettre le siège devant la ville. Afin de bien montrer ses intentions de ne pas partir avant que Parme ne fût prise, il éleva en face d'elle une autre ville qu'il appela Vittoria. Les assiégés furent souvent battus dans les sorties, et sur le conseil de Thaddée de Suessa, l'empereur fit mettre à mort les prisonniers, entre autres Marcellin, évêque d'Arezzo. Quelques jours après, pendant que l'empereur était à la chasse, les Parmesans firent une sortie désespérée, mirent le feu à la ville de Vittoria (1), à tout le camp royal, prirent le Caroccio des Crémonais et tuèrent Thaddée de Suessa (16 février 1248).

C'était un événement heureux pour les Lombards, mais il fut compensé par bien des échecs partiels, suivis à leur tour l'année suivante d'un revers pour les Impériaux : Enzio fut pris par les Bolonais à Fossalta (mai 1249), et retenu prisonnier malgré toutes les menaces de Frédéric II.

Innocent IV avait alors rappelé Pierre Capocci de sa légation d'Allemagne, non qu'il fût mécontent de ses services, mais parce qu'il existait une certaine mésintelligence entre lui et les prélats allemands.

Le pape devait essayer, pendant deux ans, de lui donner un successeur choisi parmi ceux-ci.

Il estima la situation assez bonne en Italie pour pouvoir envoyer Pierre Capocci dans le royaume de Naples. Il le nomma légat dans toute l'Italie centrale et méridionale, et lui donna pleins pouvoirs par une série de bulles du 3 au 17 avril 1249. Il crut néanmoins devoir s'en excuser auprès des cardinaux restés en Italie. A Raynald d'Ostie, à Raynier de Viterbe, il écrivit que la charge lui eût paru trop lourde pour eux ; quant à Richard de Saint-Ange, il l'invita à se rendre à Lyon.

Pierre Capocci obtint d'abord des succès importants

----

(1) Le pape écrivit sur cette bataille le vers suivant :
*Ad laudem Christi, Victoria, victa fuisti.*

dans la Marche d'Ancône et les Abruzzes. Frédéric II, malade et irrité, fit détruire de fond en comble la ville de Bénévent, que le pape revendiquait (1er janvier 1250). Il fit jeter en prison Pierre de la Vigne, qui bientôt se brisa la tête contre un mur. Son lieutenant, Gautier de Manopello battit Pierre Capocci au mois d'août 1250. Frédéric II intervint de nouveau à Arles et à Avignon, et il avait repris l'avantage sur son adversaire, lorsqu'il mourut le 13 décembre 1250 à Castel Fiorentino, près de Lucera. On dit qu'il se confessa au dernier moment et qu'il demanda à revêtir l'habit de cistercien. Il laissait à son fils aîné Conrad l'empire d'Allemagne, à son petit-fils Frédéric les duchés d'Autriche et de Souabe, à son fils Henri, le royaume de Sicile (ce jeune prince se brouilla avec Conrad et mourut en décembre 1253, d'une façon mystérieuse), et enfin la principauté de Tarente à son fils naturel Manfred, qui fit ensevelir solennellement son père dans la basilique de Monreale. Par une dernière disposition, Frédéric II priait le roi des Romains, Conrad, de dépenser cent mille onces d'or pour secourir la Terre Sainte (1).

L'empereur qui venait ainsi de disparaître à l'âge de cinquante-sept ans a été très diversement jugé. L'excellent franciscain Salimbene avoue qu'il l'a aimé quelque temps et que, si ce prince avait protégé l'Eglise, il aurait été au rang des plus grands. Mathieu Páris l'appelle *l'étonnement du monde*, les Annales de Sainte-Justine de Padoue l'appellent *le fort* (2).

En effet, les échecs qu'il subit sur quelques points étaient loin d'avoir abattu sa puissance ; il ne mourut point en vaincu, et il demeurera l'une des plus curieuses figures de l'histoire. Il est permis cependant de penser que la postérité lui pardonna trop facilement sa cruauté en considération de ses goûts littéraires et que la majeure partie de sa popularité posthume lui vient de son hostilité envers l'Eglise.

(1) Raynaldi a dû reproduire un mauvais texte, car on y lit le legs du comté de Catane à Conradin, qui ne naquit qu'au printemps de 1252.

(2) RODENBERG, p. 56.

# CHAPITRE VI

## Retour d'Innocent IV en Italie (1251).

La mort de Frédéric II fut tenue quelque temps secrète dans une partie de l'Italie. Le pape ne l'apprit que dans le courant de janvier 1251. Il songea à profiter aussitôt de tous les atouts que mettait dans son jeu la mort inattendue de son implacable ennemi. Il renouvela à Pierre Capocci ses pouvoirs pour soulever la Sicile, sans déclarer ce qu'il en ferait après - l'avoir conquise et se disposa à partir de Lyon. Il était si pressé qu'il déclina la visite d'Henri III d'Angleterre et de Blanche de Castille, déclarant qu'il ne voulait point exposer la reine à une rechute de la maladie qu'elle venait d'éprouver (18 mars et 2 avril 1251). Pourtant il manda à Lyon le roi des Romains, Guillaume de Hollande, avec lequel il s'entretint longuement. Jacques, archidiacre de Liège et, plus tard, pape sous le nom d'Urbain IV, fut envoyé en Allemagne pour détourner les nobles du parti de Conrad (18 février 1251). Les lettres en vertu desquelles la croisade avait été prêchée contre Frédéric durent aussi servir contre Conrad, ainsi que le pape l'écrivit à Jean de Diest, chapelain de Guillaume de Hollande.

Innocent IV quitta Lyon le 19 avril 1251, après y avoir passé près de six ans. Il garda de cette ville hospitalière le plus fidèle souvenir et recommanda à tous les prélats d'en protéger les bourgeois. Cinq cardinaux étaient morts à Lyon, Otto, évêque de Porto, Guillaume, évêque de Sabine, Guillaume, cardinal-prêtre des Douze Apôtres, Raynier de Viterbe, diacre de Sainte-

Marie *in Cosmedin*, Geoffroy de Franco, diacre de Saint-Adrien. Le pape ayant annoncé son départ, une telle multitude se pressa autour de lui qu'il dut donner une audience hors de la ville, Lyon ne pouvant suffire à contenir les assistants.

A la porte de la ville, le roi des Romains se sépara du pape, emmenant comme légat Hugues, cardinal-prêtre de Sainte-Sabine. L'archevêque élu, Philippe de Savoie, accompagna Innocent IV pour le garantir contre les pièges des Frédériciens, le pape consacra la cathédrale Saint-Maurice de Vienne, puis moitié par terre moitié par eau, il gagna Marseille, d'où il se rendit à Gênes en passant par Nice (1).

En Italie, son voyage devint véritablement une marche triomphale. La ville de Milan l'invita à venir, lorsqu'il quitterait Gênes, visiter la Lombardie. Il passa juillet et août dans la capitale des Guelfes, où il chargea le dominicain Pierre de Vérone de la répression de l'hérésie. En chemin, il avait reçu la soumission du marquis de Montferrat et celle de Thomas de Savoie (29 juin) à qui il donna même une de ses nièces en mariage, Béatrix. Il passa à peu de distance du jeune Conrad IV, qui descendait alors d'Allemagne par Crémone, Mantoue et devait s'embarquer sur l'Adriatique pour gagner le royaume de Naples.

Pendant son séjour à Milan, le pape avait reçu une proposition inattendue, qu'il relate dans une lettre du 21 juillet 1251, au cardinal Pierre Capocci. Manfred, fils naturel de Frédéric, vice-roi de Naples, et Berthold de Hohenburg lui avaient offert de lui livrer le royaume de Naples ! La possession de ce pays fut entre les mains du pape, dit M. Rodenberg. Cet historien blâme Innocent IV de n'avoir pas su y mettre le prix (2). Il ne proposa à Manfred que la principauté de Tarente, qui lui était d'ailleurs laissée par le testament de Frédéric II et il n'offrit à Berthold que le comté d'Andria. Pourquoi

(1) Nicolas de Curbio, ch. 29 et 30.
(2) Ouv. cité, p. 108.

fut-il si peu généreux ? Peut-être pensait-il tenir les
deux complices à sa merci, puisqu'il pouvait disposer
de leur sort en révélant leur trahison à Conrad. Peut-
être aussi ne se souciait-il pas de partager avec Manfred, lui aussi fils de Frédéric II et par conséquent
également redoutable pour la papauté, comme la suite
le fera bien voir. Enfin le pape se berçait alors de
l'espoir de conquérir la Sicile par ses propres moyens :
Manfred venait d'échouer au siège de Naples. Mais le
cardinal Capocci, chef des armées pontificales, ne rem-
porta que peu de succès. Toujours est-il que, pour un
motif ou pour un autre, les négociations furent rompues.

Berthold de Hohenburg (1) vint au-devant de Conrad
et réussit à conserver sa faveur ; il n'en sera pas de
même de Manfred.

Le pape était arrivé à Pérouse le 5 novembre 1251,
et y fut très bien reçu, dit Páris, en raison des avantages matériels qu'apporte à une ville le séjour du pape.
Il s'y occupa assidûment de la Sicile, dont une partie
était en révolte contre Manfred.

Innocent IV confirma à Henri Frangipani, comte
palatin du Latran, la principauté de Tarente « pour
qu'il l'enlevât à Manfred » et de même le comté de
Lecce à Marc Ziani, fils de Pierre, ancien doge de
Venise (18 février 1252). Mais ces libéralités furent peu
utiles à leurs bénéficiaires.

Le pape n'oubliait pas d'ailleurs les affaires purement
ecclésiastiques. Il composa une décrétale relative au
pouvoir des évêques sur les religieux exempts, et l'envoya
à l'Université de Bologne. Il rendit visite à sainte
Claire sur son lit de mort et dédia la cathédrale d'Assise.
Toujours soucieux des études de ses familiers, il établit
à Assise l'école de théologie qui le suivait dans ses divers
déplacements, ainsi que les archives du Saint-Siège.

Peu de temps après son arrivée dans le royaume de
Naples, dont Manfred lui remit le gouvernement, Conrad envoya une ambassade à Innocent IV.

---

(1) Il faut se souvenir qu'il avait épousé une Lancia, cousine de
Manfred.

Il ne faut point s'étonner de le voir entamer des négociations avec le pape. Sa situation n'était pas en effet très forte : il venait de trouver la moitié du royaume de Naples soulevée contre son autorité ; la capitale devait même lui résister jusqu'au milieu de 1253. Il comprenait qu'il ne pourrait reconquérir l'autorité en Allemagne que lorsqu'il serait maître incontesté de ses domaines d'Italie. Il voulait recommencer ce que Frédéric avait lui-même réalisé en 1213 avec l'appui du pape Innocent III. Pour atteindre ce but, il jugea plus prudent de négocier d'abord avec le pape. Il demanda avant tout sa reconnaissance comme roi des Romains et roi de Naples. M. Rodenberg convient que ces conditions donnaient tous les avantages à Conrad.

Berthold de Hohenburg, Jacques, archevêque de Trani, le chancelier Gautier d'Ocra (1) furent chargés de porter ces propositions au pape, qui les fit recevoir par un nouveau négociateur, Pierre, cardinal d'Albano. Les négociations engagées sur de telles bases ne furent jamais prises au sérieux par le pape. Aussi, tout en ne paraissant pas les repousser et en ne se refusant point à faire quelques pas vers la paix, afin de ménager l'opinion de son entourage, ne s'abstint-il pas de chercher à renverser Conrad dans le moment même qu'il négociait avec lui. Son œuvre comportait logiquement la dépossession complète des Hohenstaufen.

C'était la force des choses qui causait l'irréconciliabilité entre le pape et Frédéric II ou son fils. La politique pontificale n'avait pas moins de suite que la politique impériale. La paix ne pouvait se faire qu'au prix de concessions trop importantes pour que l'un ou l'autre adversaire pût les accepter. Après la mort d'Innocent IV, son successeur Alexandre IV, tout pacifique qu'il fût, dut renouveler l'excommunication contre Manfred et la demande des secours anglais. Ce fut là une justification posthume de la politique intransigeante d'Innocent IV.

Bien des cardinaux trouvaient sans doute exagéré de poursuivre un tel but. Ils avaient bien pu admettre

_______

(1) Nicolas de Curbio, ch. 31.

qu'il existât entre Frédéric II et le pape des causes personnelles d'hostilité qui rendaient toute conciliation impossible, mais, maintenant que l'empereur avait disparu, ils pensaient qu'avec un peu de bonne volonté apportée de part et d'autre, un terrain d'entente avec Conrad était susceptible de se trouver. Pour donner satisfaction au parti de la paix, Innocent IV par une bulle du 23 mai 1252, renonça à une des mesures extraordinaires consistant dans les provisions et réserves d'archevêchés et d'évêchés (1) : c'était se priver d'une partie de ses ressources. Mais il ne poussa pas plus loin la condescendance. Ses négociations avec Conrad durèrent jusqu'au mois de juin.

Le jeune prince, ayant alors appris les tentatives d'Innocent IV pour le dépouiller du royaume de Naples au moyen d'un secours étranger (2), rompit les pourparlers en accusant le pape de mauvaise foi. Rentré dans son royaume, il réprima la révolte avec énergie : à la fin de 1252, il n'y avait plus que Naples qui lui résistât encore.

Le 2 décembre 1252, le pape confirmait la confiscation de la Souabe prononcée contre Conrad, par Guillaume de Hollande à la diète de Francfort (3).

(1) G. DIGARD, *La fausse bulle Dolentes,* Bibl. de l'Ecole des Chartes t. LI (1890), p. 414.

(2) Voir le chapitre 7.

(3) RAYNALDI, an. 1252 n° 17. Cet acte est parfois daté du 8 février 1253.

## CHAPITRE VII

### La Sicile offerte à Richard de Cornouailles et à Charles d'Anjou (1253-1254). Mort de Conrad IV.

L'échec final de Pierre Capocci, tout habile qu'il fût, prouvait à Innocent IV que, contre son attente, il ne pouvait conquérir la Sicile avec les seules forces dont il disposait, ni par conséquent, prétendre la conserver pour la papauté. Il se trouvait dans la nécessité de faire appel à un prince assez puissant pour ne pas craindre Conrad et assez riche pour que l'expédition ne coûtât pas trop au trésor pontifical déjà si obéré. C'était seulement dans les familles royales d'Angleterre et de France qu'il pouvait rencontrer un prince remplissant ces conditions, car ceux d'Espagne et de Portugal étaient trop occupés par la croisade contre les Maures pour pouvoir tenter toute autre entreprise. Il n'avait le choix qu'entre deux candidats : l'un, Richard de Cornouailles, inoffensif, dominé par des illusions, l'autre, Charles d'Anjou, véritable homme d'Etat. Il n'est donc pas étonnant qu'Innocent IV ait d'abord négocié avec celui qui était le moins susceptible de créer par la suite des embarras au Saint-Siège.

Il est également compréhensible qu'après son échec auprès du premier il se soit tourné vers Charles d'Anjou, et qu'après un second insuccès il se soit adressé de nouveau à l'Angleterre.

Pour gagner du temps, le pape remit à la fois au notaire Albert de Parme les lettres datées des 3 et 5 août 1252 pour les deux princes en question. M. Berder se demande finement quelle eût été l'attitude ge

Louis IX et d'Henri III s'ils avaient appris que le pape
leur faisait la même offre dans les mêmes termes et
leur adressait les mêmes éloges, quoique bien différem-
ment mérités. Albert de Parme agit avec assez de dis-
crétion pour que la dualité de l'offre restât alors
ignorée. Mathieu Pâris ne sait pas que la Sicile fut
alors proposée à Charles d'Anjou. Conrad IV ne connut,
lui aussi, que l'offre faite à Richard de Cornouailles (1),
et remercia ce prince de n'avoir pas acccepté de le
dépouiller.

Albert négocia pendant six mois (novembre 1252-
avril 1253) à la cour d'Angleterre, sans parvenir à
aucun résultat. Henri III avait un caractère indécis ; il
affectait des projets très belliqueux, comme de partir en
croisade et de réussir là où Louis IX avait échoué, mais
ses projets ne recevaient jamais de suite.

Ses sujets eux-mêmes ne le prenaient pas au
sérieux. La question d'argent n'était pas propre non
plus à faciliter l'entente. Innocent IV espérait de
l'argent et des troupes ; le roi d'Angleterre, au
contraire, se faisant une idée exagérée de la richesse
très réelle d'ailleurs de la Sicile, pensait avoir peu de
dépenses à faire. Albert de Parme voyant qu'il ne pouvait rien conclure, se rembarqua pour la France avant
d'avoir reçu les dernières instructions d'Innocent IV
(25 avril 1253), et alla trouver Charles d'Anjou. Auprès
de lui, il ne perdit pas son temps ; en quinze jours tout
parut conclu.

Le tableau des conditions auxquelles Innocent IV
offrait la Sicile à Charles d'Anjou nous a été conservé,
il occupe plusieurs colonnes dans l'ouvrage de Raynaldi
(année 1253, nos 3-4), et M. Berger emploie près de trois
pages à le résumer. Par cet acte, daté du 12 juin 1253,
Charles devait renoncer à toute ingérence dans les élections ecclésiastiques, ne percevoir aucune régale dans
les églises vacantes, maintenir la juridiction ecclésiastique. Il devait jurer fidélité au Saint-Siège, lui offrir

(1) Il avait rendu visite à Innocent IV en février 1250 et avait été
reçu avec une grande magnificence. (RODENBERG, p. 83).

tous les cinq ans un palefroi blanc, abolir toutes les
« mauvaises coutumes » de Frédéric II, rétablir les exilés
et promettre que le royaume de Sicile ne serait jamais
réuni, soit à l'empire, soit au royaume de France. La
ville de Bénévent restait au Saint-Siège. Albert de
Parme, qui avait été élevé à la dignité de légat, pour
donner plus d'importance à sa mission, devait essayer
de déterminer Charles d'Anjou à payer un cens annuel
au Saint-Siège.

Ces conditions ont été jugées très diversement.
M. Berger paraît les trouver d'une sévérité excessive,
surtout de la part d'un pape qui imposait au bénéficiaire
de conquérir un royaume (1). M. Rodenberg observe
assez justement que le pape n'avait jamais abandonné
ses droits de suzeraineté sur le royaume de Naples et que
Frédéric II les avait reconnus lui-même au début de son
règne ; en outre, il avait espéré en devenir assez maître
pour pouvoir l'annexer directement aux Etats pontificaux (2).

S'il était contraint de renoncer à cet espoir, il était
assez naturel qu'il fît du moins payer le plus cher possible au bénéficiaire cet abandon de sa propre souve-
raineté.

Au reste, il semble que Charles d'Anjou jugeait que
la Sicile valait bien les sacrifices demandés en échange.
Il ne disait point, comme Richard de Cornouailles, que
le pape lui offrait la lune, à condition qu'il allât la prendre. Il acceptait la plus grande partie des conditions du
pape ; il est à croire qu'Innocent IV, en fin de compte,
eût fait des concessions sur celles mêmes de ces conditions qu'il avait d'abord déclarées intangibles. Innocent IV tenait en effet beaucoup à la réussite de ces
négociations (3). Il comblait Charles d'Anjou de préve-
nances, même de dispenses éventuelles de mariage pour
son enfant à naître.

(1) BERGER, p. 280-282.

(2) RODENBERG, ouvr. cité, p. 144.

(3) Il comptait bien sur leur succès, car il annonçait aux bourgeois
d'Atri, par une lettre du 13 juin, l'arrivée d'un puissant prince.
(RODENBERG, p. 145.)

Pourquoi donc ces négociations n'aboutirent-elles pas plus que les précédentes ? Le prince, dit Nicolas de Curbio, persuadé par ses « collatéraux », sans doute ses conseillers, renonça à son projet (11 juillet), Charles d'Anjou n'était cependant pas un prince sans volonté, se laissant facilement dominer par ses conseillers. Il faut donc chercher ailleurs la cause de son hésitation. On la trouverait peut-être dans le fait de l'ouverture de la guerre de la succession de Flandre. La comtesse Marguerite de Flandre, battue par Guillaume de Hollande, avait offert le Hainaut à Charles d'Anjou et celui-ci s'occupait de cette guerre qui intéressait plus le royaume de France que l'affaire de la Sicile.

Tout désappointé qu'il fût de cet échec, Innocent IV en revint à la négociation anglaise, et cette fois il offrit le royaume au second fils d'Henri III, le jeune Edmond, âgé de huit ans. L'âge de ce prince ne laissait rien à redouter au pape pendant bien des années. Ces négociations durèrent pendant les années 1253 et 1254 ; elles étaient plus ou moins actives selon qu'Innocent IV désespérait de conquérir lui-même la Sicile ou que se ravivait son espoir à ce sujet.

Innocent IV changea souvent de résidence pendant la dernière année de sa vie. Il dut revenir à Rome (1) le 12 octobre 1253, sur la demande un peu brutale des Romains, qui lui firent savoir sans ambages qu'ils souffraient beaucoup de dommages matériels par son absence. Avec sa manie de tout exagérer quand il s'agit de la cour de Rome, Mathieu Pâris va jusqu'à dire que le peuple demanda des indemmités au pape pour tout le temps qu'il avait été absent. Il est certain qu'Innocent IV ne revint pas à Rome avec un plaisir sans mélange, car le sénateur Brancaleone d'Andalo, élu pour trois ans, qui gouvernait Rome, avait noué d'étroites relations avec Conrad, mais Innocent IV ne devait pas être « inquiet et tremblant ». Toute sa vie pro-

(1) Il fit réparer la confession et le maître-autel de Saint-Laurent hors les murs et travailla au palais de Saint-Pierre (NICOLAS DE CURBIO, ch. 31.)

teste contre l'attitude que Mathieu Pàris lui prête.

Cette année vit encore deux négociations avec Conrad, par l'intermédiaire de Thomas de Savoie. Le pape mit en avant plusieurs griefs contre Conrad. Il lui reprochait de mépriser les sentences de l'Eglise, d'opprimer le clergé de Sicile, d'être en relations avec l'hérétique Eccelino. Conrad répliqua qu'il n'avait jamais su qu'il fût lui-même excommunié ni qu'Eccelino fût hérétique. Il était prêt à faire arbitrer les dommages que l'Eglise prétendait avoir subis.

Le 3 novembre 1253, le pape publia une bulle sans doute pour complaire aux cardinaux, où, regrettant l'excessive avidité des solliciteurs, il permit aux archevêques et évêques de conférer, dans l'avenir, les bénéfices aux sujets capables, « en ne consultant que leur conscience et les besoins des fidèles » (1). Il ne fit pas d'autre pas dans la voie de la pacification. Naples s'était rendue à Conrad le 10 octobre 1253, et le jeune prince était au faîte de la puissance.

Maintenant maître en Sicile, Conrad pouvait songer sérieusement à une expédition contre Guillaume de Hollande. Au mois d'octobre 1253, il annonçait sa prochaine arrivée aux bourgeois de Spire. Il était assez affermi pour avoir pu bannir les Lancia, parents de Manfred ; il obtint même qu'ils fussent chassés de l'empire grec, où ils s'étaient d'abord réfugiés. Néanmoins Innocent IV ne renonçait pas à la lutte ; il cita Conrad à comparaître devant lui au mois de février 1254 ; délai qui fut prorogé au 22 mars, à la demande des comtes de Montfort et de Savoie. Le Jeudi Saint, sur la place de Latran, il excommunia Conrad ainsi qu'Eccelino « qui excédait la cruauté de Néron ». Puis il se rendit à Anagni (2).

Il envoya Pierre Capocci pour faire la paix entre Guillaume de Hollande et la comtesse de Flandre. Il

_________

(1) G. DIGARD, art. cité, p. 414 à 416.

(2) Le sénateur Brancaleone défendait qu'on portât des vivres à Anagni et qu'on prêtât de l'argent au pape. Oubliant ces mauvais procédés, le pape rétablit plus tard la paix entre les Romains et les habitants de Tivoli. (NICOLAS DE CURBIO, ch. 40.)

approuva les conditions du transfert à Edmond d'Angleterre du royaume de Naples : il permit à ce prince de faire faire un sceau pour la Sicile.

Pendant ce temps, la mort travaillait encore une fois pour Innocent IV. Conrad mourut très brusquement de la fièvre à Lavello, le 21 mai 1254. Il montra, dans ses dernières dispositions, la suscipion en laquelle il tenait toujours son frère naturel, en confiant la régence de la Sicile à Berthold de Hohenburg, jusqu'à la majorité de son fils Conradin, alors âgé de deux ans. Dans son testament, il recommandait son petit enfant à la protection de l'Eglise, quoique, au dire de Mathieu Pàris, dans ses dernières paroles, il traitàt l'Eglise romaine de marâtre (1).

(1) RAYNALDI, an. 1251, p. 41.

## CHAPITRE VIII

### Innocent IV occupe et perd
### le royaume de Naples.

Aussitôt qu'il eut appris la mort de Conrad, Innocent IV modifia de nouveau ses plans. Il se rendit à Rome, puis, le 9 juin, à Anagni, tout près du royaume de Naples ; il avait d'autant plus de prétextes pour intervenir, que Conrad IV avait confié son jeune fils à l'Eglise romaine. Il avait, sans doute, voulu faire au pape une simple invitation d'avoir à respecter les droits de cet enfant, puisque le petit prince restait en Allemagne, sous la tutelle effective de son oncle Louis de Bavière.

Quoique ne sachant pas si le roi d'Angleterre avait signé l'accord final relatif à Naples, Innocent IV entreprit de s'emparer du royaume, comptant qu'il s'arrangerait toujours avec Henri III. Il se douta que le régent, Berthold de Hohenburg, homme de guerre remarquable, et le principal chef des Allemands du royaume, devait être mal vu par une partie de la population. Déjà, lors de la mort de Frédéric II, les Italiens avaient pu être mécontents, mais la présence de Manfred, pendant tout le temps de l'absence de Conrad, avait suffi pour calmer leurs désirs d'indépendance.

Maintenant, Manfred était exclu par le testament de Conrad IV, et les habitants devaient se soumettre moins facilement à un régent allemand. Aussi, le plan d'Innocent IV fut-il de tenter un soulèvement du sentiment national contre l'élément étranger. Une ambassade, composée de Manfred (1), Frédéric d'Antioche, Gautier

(1) Cette participation de Manfred à l'ambassade est assez singulière, et il faut avouer que la question des véritables relations entre Manfred et Berthold depuis la trahison de 1251 jusqu'à la mort d'Innocent IV est loin d'être claire.

de Manopello, Gautier d'Ocra et du capitaine allemand Bursarius, vint trouver le pape à Anagni, vers
le milieu de juillet, pour lui faire reconnaître les droits
de Conradin. On négocia pendant quinze jours, sans
parvenir à s'entendre.

Le 15 août, Innocent IV somma le régent de lui
livrer le royaume « sauf les droits de l'enfant Conrad »
avant le 8 septembre, sous peine d'excommunication.
Puis il fit avancer du côté de San Germano une armée
commandée par son neveu Guillaume, cardinal de
Saint-Eustache. Les comtes de Lavagna, de Gênes, lui
fournirent des secours, des évêques d'Italie centrale lui
en envoyèrent aussi. Il promettait à l'Eglise la liberté
des élections, et aux villes l'autonomie communale,
comme prix de l'adhésion au Saint-Siège. Un mouvement se produisit contre les Allemands, et Berthold dut
céder la régence à Manfred.

Mais le nouveau régent n'entendait sans doute pas
renoncer à son titre en faveur du pape. Innocent IV hésita
d'autant moins à combattre qu'un assez fort parti se
dessinait pour lui avec l'archevêque de Salerne, Césaire,
Pierre Ruffo, comte de Catanzaro, Richard de Montenigro, ancien justicier de la Pouille (1). Manfred n'avait
pas d'argent, Berthold gardait une attitude énigmatique
et devait faire prochainement sa soumission au pape.
Un grand nombre d'exilés du précédent régime étaient
rentrés dans le royaume avec l'appui du pape. Aussi
Manfred dut-il céder sans combat.

Les grands du royaume de Naples envoyèrent à Innocent IV une ambassade où figurait notamment Richard
Filangieri, partisan du pape, qui devait ensuite se tourner contre lui. Elle aboutit à l'arrangement du 27 septembre 1254, qui parut mettre le royaume dans la main
du pape. Aucun traité à proprement parler ne fut signé :
il y eut trois bulles en date du même jour, adressées
l'une à Conradin, l'autre à Manfred, la dernière aux
Siciliens.

(1) NICOLAS DE CURBIO, ch. 39.

Le pape traita Conradin de roi de Jérusalem et de
duc de Souabe et promit de protéger ses droits, par-
tout où il en aurait. Il garda la régence pour lui, jusqu'à
ce que le jeune prince fût majeur.

Manfred de régent devint simple vicaire pontifical
d'une partie du royaume, la Calabre et la Pouille. La
Sicile et la terre de Labour, c'est-à-dire les pays les
plus riches, ne furent pas compris dans sa part. Il eut
dans son vicariat haute et basse justice, mais non la
perception des impôts ; en compensation il lui fut accordé
annuellement 8.000 onces d'or. Ces concessions lui
étaient garanties « tant qu'il serait fidèle à l'Eglise
romaine ». Innocent IV lui confirma les territoires
légués par son père et en investit pour lui son oncle
maternel, Galvano Lancia (1). Les droits de Conradin,
que le pape avait promis aux nobles siciliens de sauvegarder, étaient singulièrement négligés par cet arrangement !

Cette négociation a donné lieu à bien des contro-
verses. On a estimé plus ou moins favorable la situation
faite à Manfred. Se soumit-il véritablement à ces conditions pénibles ? M. Rodenberg croit qu'il fut desservi
par l'impéritie de ses négociateurs, et qu'il s'abandonna
lui-même. M. Karst pense, avec plus de vraisemblance,
qu'il ne se soumit qu'en apparence : c'est aussi l'avis de
Raynaldi.

Quelle fut la pensée du pape, en revenant, quelques
jours après, sur les conditions arrêtées au 27 septembre ? M. Rodenberg croit qu'Innocent IV ne pouvait
guère prendre Manfred au sérieux : ce jeune prince de
vingt-deux ans ne devait lui inspirer que peu de dé-
fiance : ne l'avait-on pas vu supporter facilement l'exil
de ses parents, se laisser dépouiller de tout par Conrad IV et néanmoins vivre à la cour de son frère ? Le
pape put aisément se tromper, puisque Manfred n'avait
pas encore manifesté les qualités d'audace et de cou-
rage qu'il révéla subitement.

Innocent IV conféra le comté de Lésina, dans la

_________

(1) Rodenberg, p. 192 à 195.

Calabre (faisant partie du vicariat de Manfred), à un
certain Burello d'Anglone, ennemi particulier du jeune
prince. Avant d'avoir appris cette nomination, ce
dernier vint à la rencontre du pape qui entrait dans le
royaume de Naples et tint la bride de son cheval au
pont du Garigliano (11 octobre).

Peu de jours après, dans un chemin creux, Manfred
rencontra Burello d'Anglone ; celui-ci prit la fuite,
mais les compagnons du prince le rejoignirent et le
tuèrent. Il est bien probable que le meurtre fut com-
mandé par Manfred. Sur le conseil de Berthold de
Hohenburg qui allait faire sa soumission à Innocent IV
(19 octobre), Manfred entama des négociations avec le
pape. Celui-ci, tombé malade à Teano, ne dirigeait plus
sa politique avec autant d'énergie que par le passé.
Manfred envoya donc au pape Galvano Lancia et
Richard Filangieri. Après quelques contestations sur
le choix de la ville où il comparaîtrait pour se justifier
du meurtre de Burello d'Anglone, il fut invité à se
soumettre sans condition au légat Guillaume, neveu du
pape. Le 20 octobre, Innocent IV déclara que la Calabre,
comme la Sicile, appartiendrait indissolublement à
l'Eglise romaine (1).

Galvano Lancia n'eut sans doute pas de peine à
déterminer son neveu à risquer le tout pour le tout et
à fuir chez les Sarrasins de Lucera. Toutes proportions
gardées, la démarche hardie de Manfred ( 30 octobre-
2 novembre) dont les historiens nous ont donné de
romantiques descriptions, était la reproduction de la
fuite d'Innocent IV à Gênes et elle eut pour son auteur
les mêmes résultats heureux.

Le pape voyant la lutte ainsi engagée avec Manfred,
l'accepta franchement. Comme si les négociations avec
Henri III d'Angleterre n'avaient pas été interrompues,
il écrivit à ce prince pour lui demander avec insistance
d'envoyer une armée à Naples. Manfred, de son côté,
était parvenu dans la ville des Sarrasins ; il avait mis

_______

(1) RODENBERG, p. 201.

la main sur les trésors réunis par son père, et à la
faveur des fallacieuses négociations poursuivies avec
le légat par Gautier d'Ocra et son secrétaire Geoffroy
de Cosenza, il soudoya même des soldats du pape. Les
barons en majorité adhérèrent à sa cause. L'incapable
légat au lieu de tenter, dès le premier moment, une
attaque sur Lucera, perdit tout le mois de novembre à
attendre l'offensive de Manfred. Il divisa ses troupes,
ce qui les fit battre séparément ; Otto de Hohenburg,
frère de Berthold, fut défait à Foggia et soupçonné de
trahison sans doute à tort. Après cette première victoire,
Manfred apprit que le légat avait évacué Troja et que
toute l'armée pontificale était débandée (1er décembre
environ). Innocent IV eut sans doute le temps de
recevoir la nouvelle du désastre, car il mourut à Naples,
le 7 décembre (1) dans le palais de son ancien adversaire, Pierre de la Vigne, après avoir été administré
par Raynald d'Ostie. Un superbe tombeau lui fut élevé
dans la cathédrale de Naples.

Cinq jours après, les cardinaux lui donnèrent pour
successeur ce même cardinal Raynald d'Ostie, qu'il
avait tenu écarté des affaires et qui prit le nom
d'Alexandre IV : il fut contraint de subir l'élévation
de Manfred et plus tard son couronnement comme
roi de Naples. La mort trop prompte d'Innocent IV
l'avait empêché de garder la Sicile, qui avait été l'un
des buts principaux de son action.

(1) Mathieu Pâris lui prête un mot absurde. Ses neveux se lamen-
tant de sa mort prochaine, il leur aurait dit : « De quoi vous plaignez-
vous ? Est-ce que je ne vous laisse pas tous riches ? » (p. 347, l. 40).

# CHAPITRE IX

## Innocent IV et la croisade de Louis IX.

Pour ne pas interrompre la suite des événements, je n'ai étudié jusqu'à présent que le conflit entre la papauté et l'empire, qui est l'affaire capitale du règne d'Innocent IV. Mais ce serait donner de son activité une idée fort imparfaite que de la supposer bornée à la lutte avec Frédéric II et Conrad IV. M. Rodenberg a dit avec raison : « Aucun pape n'a eu une activité aussi universelle et le soin qu'il prit des détails ne lui fit point oublier les vues d'ensemble. » Innocent IV ne fut pas qu'un diplomate et un guerrier, et dans tous les moments de loisir que lui laissa la lutte avec les Hohenstaufen, il s'occupa de la propagation de la religion chrétienne. Cependant il se pose une question assez grave : le pape n'a-t-il pas, pour favoriser ses combinaisons politiques, négligé de seconder autant qu'il l'aurait pu la croisade de Louis IX ?

Il semble que, de son temps même, le pape fut en butte à cette accusation. Au milieu de l'année 1250 l'on apprit le désastre de Louis IX en Egypte. Le pieux roi envoya ses deux frères, Alphonse de Poitiers et Charles d'Anjou, pour chercher du secours en France, avec mission de s'aboucher en même temps avec le pape. Selon Mathieu Pâris, ils étaient chargés de presser Innocent IV de conclure la paix avec l'empereur et, s'il s'y refusait, de le forcer à quitter Lyon (1).

(1) Mathieu Pâris prétend que le pape entra en pourparlers avec Henri III pour se retirer à Bordeaux, mais que le roi d'Angleterre aurait décliné cet honneur, trouvant que le pape serait trop près de l'Angleterre. Le chroniqueur anglais est seul à parler de ce projet. (BERGER, p. 251.)

Il est peu vraisemblable que le saint roi ait donné à ses frères une mission aussi impérative, mais il est possible que les frères du roi se soient plaints au pape de l'abandon où la croisade avait été laissée.

Le pape essaya de remédier au grand désastre. Il enjoignit aux croisés frisons de se tenir prêts à partir sur le simple avis de la reine Blanche (29 novembre 1250). Sans doute, il dut regretter alors d'avoir commué les vœux des croisés d'Allemagne et de les avoir tournés, dans son propre intérêt, contre Frédéric et Conrad.

Peut-on reprocher à Innocent IV de n'avoir pas cru aux promesses de Frédéric II ? Eût-il même promis sincèrement d'aller en Terre Sainte, d'accord avec Louis IX, le succès n'eût sans doute pas rempli les espérances des chrétiens. Les croisades entreprises en commun par de grands princes, comme Richard Cœur-de Lion et Philippe-Auguste, n'avaient pas eu de résultats bien brillants.

Assurément, Frédéric II ne contraria en aucune façon la marche de l'armée et même il envoya des vivres aux croisés qui hivernaient à Chypre. Mais des textes d'historiens arabes, cités par M. Berger (1), nous racontent que Frédéric avertissait les Sarrasins de tous les mouvements de l'armée chrétienne.

Ces textes ajoutent encore une troublante énigme à celles que nous fournit l'histoire de Frédéric II. Mathieu Pâris, qui ne connaît pas ces relations suspectes, dit qu'avec la mort de Frédéric s'évanouit l'espérance des Français de voir secourir leur roi.

Cependant Frédéric II n'était pas le seul prince en mesure de coopérer avec le roi de France. Il y avait notamment les rois d'Angleterre et de Norvège, car ceux d'Aragon, de Castille et de Portugal poursuivaient vaillamment la croisade dans leurs propres pays. Ferdinand de Castille conquit l'Andalousie et Alphonse de Portugal les Algarves. Henri III était naturellement indécis, comme nous avons pu le voir dans les négociations relatives à Naples ; il gardait rancune à

_______

(1) Mémoire, p. 249.

Louis IX de l'avoir battu à Taillebourg et à Saintes et d'avoir assuré le mariage de Charles d'Anjou avec l'héritière de la Provence. Il ne voulait même pas que Sancie, fiancée à Richard de Cornouailles, traversât la France pour se rendre en Angleterre. Un prince si mesquin n'eût pu se faire l'auxiliaire désintéressé du pieux roi de France. Mathieu Pàris prétend que Louis IX aurait offert de lui rendre la Normandie pour prix de sa coopération, mais que les barons français s'y opposèrent (1).

Hakon V, roi de Norvège, était un prince des plus capables ; il demanda un légat pour le couronner, car il avait besoin d'être légitimé, Guillaume, évêque de Sabine, fut envoyé en Norvège pour procéder à ces cérémonies (8 novembre 1246) (2). Il déclara qu'il prenait la croix mais, comme le besogneux Henri III, il n'accepta de l'idée de la croisade que la perception des décimes accordés par le pape sur leur clergé ; ainsi que Frédéric II au temps d'Honorius III, il trouva toujours des prétextes pour ne pas s'embarquer. Le roi de Norvège déclarait par exemple que les mœurs des Français étaient incompatibles avec celles des Norvégiens et que, par conséquent, ils ne pouvaient s'embarquer ensemble !

Le feu sacré pour les croisades était donc éteint. On n'en était plus au temps du concile de Clermont, quoiqu'il n'y eût qu'un siècle et demi d'écoulé depuis cette époque.

Deux faits compliquaient d'ailleurs singulièrement la croisade. Le détournement de la quatrième croisade vers Constantinople avait changé la neutralité malveillante de l'empire byzantin en hostilité déclarée. Au temps d'Innocent IV les Grecs reprenaient pied en Macédoine et en Grèce et enserraient le frêle empire latin.

De plus, l'invasion des Tartars Mongols avec Gengis-Khan menaçait toute l'Europe orientale ; les schismatiques russes était déjà soumis à la Horde d'Or et les

(1) RAYNALDI, an. 1252, n° 23.
(2) An. 1246, n° 32.

Hongrois catholiques étaient menacés de subir le même
sort. La chute de Jérusalem en 1245 avait été causée, dit
Raynaldi, par la négligence des chrétiens, qui n'a-
vaient pas suivi les conseils du pape relatifs à la
nécessité de fortifier la Ville Sainte (1). Mais pouvait-on
penser encore à la Palestine quand l'Europe était mena-
cée d'être submergée sous le flot de l'invasion jaune ?

Ces différentes raisons peuvent sans doute être allé-
guées à la décharge d'Innocent IV. Ce n'est pas sa
faute si l'idée de la croisade n'était plus vivante alors
que dans l'âme si haute de Louis IX.

(1) Ces conseils avaient été donnés dès le 5 août 1243. An. 1243, n° 52.

# CHAPITRE X

## Le gouvernement de l'Eglise.

Innocent IV était un canoniste fort distingué. Pendant son pontificat, il se souvint qu'avant d'être cardinal, il avait été professeur de droit ; il ajouta à la collection des Décrétales un sixième livre. Le 9 septembre 1253, il envoya à l'archevêque de Bologne cinquante-trois constitutions tirées des actes du Concile de Lyon pour être enseignées dans l'Université de cette ville (1). Son biographe, Nicolas de Curbio, a rappelé à sa louange qu'il avait à sa cour une école de droit et de théologie.

Dans sa tâche de souverain pontife, il agit avec une grande indépendance. Il se passa souvent du conseil des cardinaux ; une partie d'entre eux seulement fut confidente de son projet de fuite. Dans une des négociations de paix entamées par Frédéric, l'empereur se plaint que le pape l'ait rejetée sans avoir consulté les cardinaux. Innocent IV fit de deux de ses neveux, Guillaume et Ottobono, des cardinaux (le second devint l'éphémère pape Adrien V), mais en général il ne leur donna pas plus d'importance qu'aux autres.

Quand Innocent IV envoyait les cardinaux en mission lointaine, il leur donnait des instructions très strictes ; pour les cas importants, ils devaient toujours en référer au Saint-Siège. Lorsqu'au début de son pontificat, il envoya Raynier pour soulever Viterbe, il lui permit de modifier lui-même les instructions reçues ; c'était lui témoigner une confiance exceptionnelle. Il fit de même lorsqu'il envoya Pierre Capocci en 1249 et en 1251 pour soulever la Sicile. A part ces trois occasions, il tenait

(1) An. 1253, n° 9.

très strictement les cardinaux en tutelle. Il mettait un grand prix à se réserver pour lui tout ce qui touchait à l'exécution ; mais l'inconvénient de ce pouvoir absolu éclata lorsque le pape tomba malade en octobre 1254 ; la cour pontificale fut dans un complet désarroi.

Par l'institution des légats envoyés avec de pleins pouvoirs, même celui d'annuler des décisions prises par des patriarches, Innocent IV garda la haute main sur les élections épiscopales. Les chanoines de Tolède ayant élu archevêque le cardinal de Saint-Côme et de Saint-Damien, le pape cassa cette élection, du conseil des cardinaux, et pourvut lui-même le siège d'un nouveau titulaire (1).

Quand le roi d'Angleterre exila l'évêque de Norwich transféré au siège de Winchester sans qu'il eût été appelé à donner son consentement, le pape maintint son droit de ne pas consulter le roi lorsqu'il s'agissait d'une translation (2).

Les ordres religieux n'échappèrent pas à l'active surveillance du pape. Innocent IV soutint les privilèges des réguliers à l'égard des laïques, lorsque les réguliers lui paraissaient être dans leur droit. Par exemple, quand un bailli de Louis IX fit saisir sur les moines de Cluny le château de Lordon, pour non-paiement de décimes pendant trois ans, Innocent IV intervint très vivement auprès de Blanche de Castille. Il rappela à la régente que les possessions de Cluny ne pouvaient être confisquées par le souverain sans que celui-ci fût sujet *ipso facto* à l'interdit (3). Il reconnut d'ailleurs qu'il ne pouvait excommunier les fonctionnaires royaux en l'absence du roi (4) (13 janvier 1254).

Il se montra également très énergique à l'occasion de la « conspiration », ci-dessus rappelée, des barons

(1) RAYNALDI, an. 1248, n° 41. L'annaliste ne donne pas le motif du *veto* pontifical.

(2) *Ibid.*, an. 1241, n° 45-46.

(3) An. 1252, n° 35.

(4) *Ibid.*, an. 1254, n° 21 à 23.

français contre la juridiction ecclésiastique (1). Mais il
était loin de fermer les yeux sur les abus qui régnaient
dans le clergé, c'était la première douleur dont il avait
parlé au concile de Lyon.

Les ordres mendiants n'étaient pas demeurés longtemps
dans l'austérité et dans l'humilité dont avaient fait
preuve saint François et saint Dominique. Déjà l'ambition se glissait dans ces jeunes milices ; les religieux
se mettaient à désirer les prélatures. Certains prenaient
parti dans le conflit entre la papauté et l'Empire. Elie
de Cortone, ministre général des Frères Mineurs, ne
devait se réconcilier avec le pape qu'au lit de mort.
D'autres versaient dans un mysticisme dangereux (2).

Innocent IV défendit de choisir les religieux mendiants comme évêques sans le triple consentement de
leurs ministres généraux, de leurs prieurs provinciaux
et du Saint-Siège (3) (15 juillet 1252).

Il prit d'autres mesures pour protéger le clergé sécu-
lier, notamment il interdit aux moines de confesser les
séculiers sans la permission du curé de la paroisse,
ainsi que de faire concurrence à celle-ci pour les messes,
les sermons et les sépultures. Ce sont là, trois siècles à
l'avance, des mesures que devait décider solennellement le concile de Trente. Au contraire, Innocent IV
confirma de bons statuts, dressés par Richard, cardinal
de Saint-Ange, au sujet des Augustins (4).

Il déchargea les Dominicains de la surveillance des
religieuses de leur ordre, sauf des couvents de Saint-
Sixte de Rome et de Prouille en Languedoc : ce dernier
était le berceau de leur ordre (5).

L'abbesse cistercienne de Notre-Dame la Royale à
Léon ayant donné le voile à une religieuse, contre la

---

(1) BERGER, p. 175-180.

(2) Il y avait des religieux mendiants parmi les partisans de Frédéric. Cf. *Fratris Arnoldi, ord. Prædicatorum De correctione
ecclesiae*, édité par WINCKELMANN, Berlin, 1865.

(3) An. 1252, n° 31.

(4) An. 1253, n° 48.

(5) An. 1252, n° 6.

volonté de l'évêque, le pape écrivit à l'abbé de Citeaux de réprimer cette usurpation (1) (14 mars 1244).

L'annaliste des Mineurs, Wadding, après avoir relaté les mesures générales prises contre les Mendiants, ne manque pas d'ajouter qu'Alexandre IV, dès la première année de son pontificat et par une sorte de réaction contre les agissements de son prédécesseur, rendit aux Mendiants tous leurs anciens privilèges (2).

Cela prouve simplement qu'Alexandre IV n'avait pas l'énergie de son devancier. La rancune des Mendiants survécut à Innocent IV et Thomas de Cantimpré, dominicain, se fit l'écho de la légende malveillante, d'après laquelle ce pape serait mort à la suite d'une vision terrible.

Innocent IV montra cependant qu'il estimait les Mendiants en leur confiant des missions très délicates et en élevant un certain nombre d'entre eux à la dignité épiscopale (3) et au cardinalat (4). Il chargea par exemple, Raymond de Pennafort, maître général des Dominicains et le ministre général des Frères Mineurs d'enquêter sur la conduite de Pons, évêque d'Urgel (5).

Il confia aux religieux des missions dans les enquêtes les plus utiles au point de vue de toute l'Eglise, à savoir pour les canonisations des Saints (6). Citons comme modèle celle de saint Stanislas, évêque de Cracovie, qui avait été tué au temps de Grégoire VII par ordre du roi de Pologne Boleslas. Plusieurs enquêtes avaient déjà été faites, et l'évêque de Cracovie, Prandothas, les trouvait assez concluantes pour ne pas

(1) An. 1244, n°° 56 et 57.

(2) Cité par Raynaldi. An. 1254, n° 70.

(3) An. 1253, n° 6, il nomma le frère mineur Jean au siège de Lubeck, le dominicain Jacques à celui de Bologne. An. 1244 n° 31. Voir sur les privilèges des missionnaires, même année, n° 11.

(4) An. 1252, n° 6.

(5) An. 1253, n° 33.

(6) Alexandre III avait enlevé ces enquêtes aux évêques. J. Brugerette, *Innocent III*, p. 7.

retarder la canonisation (1251). Innocent IV envoya en Pologne Jacques de Velletri, frère mineur, notamment pour interroger deux centenaires qui avaient connu des témoins de la vie du Saint (28 mai 1252).

Un des illustres personnages guéris par l'intercession du martyr était le cardinal d'Ostie, Raynald, qui devint le pape Alexandre IV. Ce n'est qu'après le rapport de son envoyé spécial qu'Innocent IV canonisa saint Stanislas le 17 septembre 1253. Le pape fut tellement satisfait de cette enquête qu'il donna aux Frères mineurs l'église Sainte-Marie du Capitole (1).

De même le prieur des Prêcheurs, et l'archiprêtre de Saint-Sixte de Viterbe furent chargés de l'examen de la cause de béatification de Sainte Rose de Viterbe (25 novembre 1252) (2) et, à la même date, le pape fit entreprendre les procès de canonisation de deux Frères Mineurs.

S'il savait honorer les bons serviteurs de Dieu, Innocent IV ne devait pas oublier les transfuges du catholicisme, les hérétiques.

Au début du pontificat d'Innocent IV nous avons vu l'évêque élu d'Avignon, Zoën Tencarari, chargé de l'inquisition dans le Languedoc. C'est à cette époque qu'eut lieu la prise de Monségur, le dernier épisode sanglant de la guerre des Albigeois.

Frédéric II avait fait un grief au pape de tolérer les hérétiques de Lombardie, qu'on appelait communément patarins. Innocent IV les fit poursuivre avec vigueur, sous la conduite du dominicain Pierre de Vérone, qui fut mis à mort par eux, le 6 avril 1252. Il devait être canonisé l'année suivante sous le nom de saint Pierre Martyr (3).

Faut-il rattacher à la lutte contre l'hérésie la longue procédure contre Eccelino da Romano? Dès 1244, Innocent IV le déclarait suspect d'hérésie et le citait à

---

(1) RAYNALDI, an. 1252, n° 8 ; an. 1253, n°° 17 à 20.
(2) An. 1252, n° 7.
(3) An. 1252, n°° 10 à 12.

comparaître devant lui (1) ; ce n'est que neuf ans plus tard que la sentence d'excommunication fut promulguée contre lui ; ce n'était pas un effet de la mansuétude pontificale, mais plutôt une preuve de son peu de pouvoir en Lombardie. Les biens du célèbre podestat de Vérone furent adjugés à son frère Albéric, « fidèle de l'Eglise romaine » (2).

Innocent IV confirma la loi de Frédéric II édictant contre les hérétiques la peine de mort (15 mai 1252), loi bien étonnante de la part d'un prince qu'on nous représente comme ennemi de l'intolérance ecclésiastique. Il édicta lui-même une décrétale contre eux le 15 juin 1254 : les hérétiques et leurs fauteurs seront excommuniés s'ils ne se soumettent pas ; ils seront incapables d'exercer une fonction publique, de porter témoignage, de faire un testament, d'hériter, d'intenter des actions en justice (3).

Il fut plus doux envers les Juifs. Sans doute, il permit à l'archevêque de Vienne d'expulser les rabbins « qui font courir des dangers aux chrétiens » (4). Il ne revint pas sur la condamnation prononcée par divers prélats français contre le Talmud, dont tous les exemplaires qui purent être trouvés durent être brûlés. Mais lorsque les Juifs furent persécutés, notamment sous le prétexte de martyriser des enfants chrétiens, le pape intervint hautement en leur faveur et se déclara contre la légende du meurtre rituel. Une pareille attitude, qui n'est d'ailleurs pas isolée dans l'histoire des papes, fait à la fois honneur au cœur et à l'intelligence d'Innocent IV (5).

(1) An. 1244, n° 18.

(2) An. 1251, n°° 36 à 39.

(3) P. VIOLLET, *Histoire du droit civil français*, 3° édition, 1905, paragraphes 339 et 351.

(4) RAYNALDI, an. 1253, n° 31.

(5) BERGER, p. 211-220. L'abbé Brugerette, dans son opuscule cité, rappelle des traits analogues de la part d'Innocent III.

# CHAPITRE XI

## Missions et légations.

Au milieu de tous les soucis que lui causaient la lutte contre Frédéric II et le gouvernement de l'Eglise, Innocent IV trouva le temps d'intervenir dans les affaires de presque tous les pays. Quoiqu'il fût serré de près par ses ennemis, quoique, à Rome même, son autorité fût battue en brèche, il ne renonça pas à la haute autorité sur les rois, alors admise en faveur de la papauté.

Le roi de Portugal Sanche persécutait le clergé et avait admis les Juifs à tous les emplois. Le pape lui fit d'abord des représentations, mais voyant qu'elles n'avaient aucun résultat, il transféra l'administration du royaume à son jeune frère, Alphonse de Boulogne (1).

Mais les grands de Portugal allèrent plus loin ; ils chassèrent Sanche et saluèrent Alphonse comme roi. Le pape fut d'abord mécontent de l'aggravation imposée à sa sentence, mais ensuite il s'y résigna. Alphonse devait être un des grands rois du Portugal.

Le roi d'Aragon, Jacques le Conquérant, avait fait couper la langue à l'évêque de Gerona, qu'il soupçonnait d'avoir révélé sa confession. Le pénitencier du pape, Didier, lui imposa une expiation méritée : il dut ériger des monastères et des hospices en punition de son crime (2).

S'il châtiait les rois coupables, le pape devait, au contraire, bien recevoir ceux qui offraient de rentrer dans l'obéissance de l'Eglise. L'invasion des Mongols, auxquels la Russie s'était soumise, inspira une grande

(1) Raynaldi, an. 1245, n° 67.
(2) Raynaldi, an. 1246, n° 43.

terreur aux princes voisins qui étaient menacés de la subir. Les souverains de Galicie et de Lithuanie se tournèrent vers Rome. Sans doute, ces conquêtes du catholicisme ne furent pas durables, mais on ne saurait blâmer Innocent IV d'avoir accepté les avances de l'Orient et d'avoir saisi l'occasion d'étendre le domaine de l'Eglise catholique. Daniel, prince de Galicie (1205-1264), promit de joindre son contingent à la croisade contre les Mongols. Innocent IV lui accorda le titre de roi et lui envoya la couronne et le sceptre. Daniel fut couronné par l'abbé de Messine, Opizo, légat du pape (1247). Mais deux ans après, il viola ses promesses et chassa le légat (1249) (1), qui fut ensuite envoyé en Pologne.

En Lithuanie régnait le duc Mindvog. Menacé à l'Est par Alexandre Nevski, prince de Novgorod, à l'Ouest par les chevaliers Porte-Glaives, il s'avisa de recourir au pape et d'embrasser la foi catholique. L'évêque de Culm fut chargé par le pape de le couronner et de créer un évêque en Lithuanie (16 juillet 1251), Mindvog reçut à Grodno le baptême ainsi que sa femme et en même temps la couronne royale de Lithuanie (1252). Le danger passé, il devait oublier Rome et renier son baptême. La Lithuanie ne devint réellement catholique qu'un siècle et demi plus tard par son union avec la Pologne, lors du mariage de Jagellon avec Hedwige.

Innocent IV s'efforça de préserver les pays orientaux restés encore catholiques. Le royaume de Jérusalem et de Chypre appartenait à Frédéric II, du chef de sa seconde femme Isabelle, fille de Jean de Brienne, puis il passa à Conrad : c'était là un titre qui donnait plus de soucis que de prérogatives. Le pape en conféra la régence à Mélisende, parente de Conrad (3). Des difficultés s'étant élevées sur plusieurs points, le légat Eudes de Châteauroux, cardinal de Frascati, qui accompagnait

---

(1) RAYNALDI, an. 1247, n° 29 ; an. 1249, n° 15. L'annaliste l'appelle prince de Russie.

(2) IBID., An. 1251, n° 41 à 46. RAMBAUD, *Histoire de Russie*, p. 148.

(3) RAYNALDI, an. 1250, n° 41.

la croisade de saint Louis, réconcilia les Cypriotes avec l'Eglise romaine. Le pape leur adressa tout un petit traité théologique ; il rappela notamment que la confirmation devait être conférée par les seuls évêques et donna des explications sur la doctrine réelle du purgatoire selon la tradition et l'autorité des Pères (1) (6 mars 1254). Mais, avec son esprit de justice, il avait recommandé aussi au légat de veiller à ce que les droits royaux ne fussent pas lésés par les ecclésiastiques (26 juil.1252)(2).

Innocent IV ne manqua pas de négocier avec les schismatiques grecs. Il sollicita Coloman, roi de Bulgarie, de rentrer dans le catholicisme et lui offrit de profiter de la réunion du concile œcuménique pour opérer la réconciliation entre les deux Eglises (21 mars 1245). Ce roi inclinait, paraît-il, vers l'union, mais il mourut prématurément, et ses projets ne furent pas repris (3).

En Albanie, l'évêché d'Antivari fut déclaré sujet direct du Saint-Siège (4).

Le prince le plus important à gagner était l'empereur grec Jean Ducas Vatacès. Menacé par le roi de Hongrie Bela, cet ambitieux empereur de Nicée avait épousé une fille naturelle de Frédéric II et fait de grandes conquêtes en Romanie. Après la mort de son beau-père, il envoya des ambassadeurs à Innocent IV, mais ils furent retenus toute une année par Conrad, afin d'empêcher la réunion des deux Eglises, dit Nicolas de Curbio (5). Ces négociations ne pouvaient avoir de chance sérieuse d'aboutir tant que Constantinople resterait aux Latins. Or Innocent IV ne songeait pas à abandonner cette métropole. Le Vénitien Pantaléon Justiniani, nommé patriarche de Constantinople, fut chargé en 1253 d'exhorter ses compatriotes à secourir l'Empire latin (6).

Si le pape cherchait à réconcilier les schismatiques grecs avec l'Eglise, il n'oubliait pas la conversion des

(1) Ibid., an. 1254, n°° 6 à 11.
(2) An. 1252, n° 27.
(3) An, 1245, n° 11.
(4) An. 1250, n° 46.
(5) Ch. 36.
(6) An. 1253,n° 53.

Musulmans, toute problématique qu'elle pût être. Sur un bruit de conversion au catholicisme d'un prince tartare, il députa le frère mineur Jean de Plancarpin chez les Tartares (5 mars 1245). Ce religieux y arriva l'année suivante, assista au couronnement d'un nouvel empereur et composa sur les mœurs des Tartares, leur manière de combattre, leurs lois, une relation du plus haut intérêt. Croyant à un grand nombre possible de conversions, le pape avait donné le pouvoir aux religieux de conférer les ordres mineurs y compris celui d'acolyte (1).

Innocent IV ne perdit pas de vue les pays infidèles où les chrétiens, en vertu de conventions acceptées depuis longtemps par le Saint-Siège, servaient comme auxiliaires des musulmans.

En 1245, Zeid Aazon, roi de Salé, qui devait devenir un des plus célèbres nids de pirates des Maures, donna, paraît-il, l'espoir de livrer son royaume à l'ordre de Saint-Jacques. Bel exemple de la part d'un musulman, s'écrie Raynaldi et digne d'être opposé à la conduite de Frédéric II, l'ami des Sarrasins de Lucera ! Malheureusement ce n'était qu'une apparence trompeuse. Ce beau projet a cependant laissé des traces dans la correspondance pontificale (2).

À deux reprises, Innocent IV pria El Saïd, puis El Morteda, rois de Maroc, de donner aux chrétiens auxiliaires des citadelles, ainsi que la garde de quelques ports de mer, où ils pussent être en sûreté et à l'abri de la malveillance de la population indigène ; faute de quoi l'évêque, qui résidait à Maroc, depuis que Fez avait été pris par les Mérinides, en 1248, devait délier les chrétiens de l'obéissance envers le roi de Maroc.

L'église de ce pays était la seule église indigène d'Afrique. Elle était desservie par des frères mineurs,

---

(1) An. 1245, n°° 15 à 19. — Jean de Parme, grand-maître des Mineurs, fut aussi envoyé en Orient. An. 1249, n° 15.

(2) RAYNALDI, an. 1245, n° 75. MAS LATRIE, *Relations et commerce de l'Afrique septentrionale avec les nations chrétiennes au moyen âge*. Paris, 1886, p. 224.

Agnello, puis Loup, qu'Innocent IV recommanda aux rois de Tunis, de Gafsa et de Bougie.

On pourrait faire ainsi le tour du monde alors connu et, dans tous les pays, on trouverait des preuves de l'activité d'Innocent IV (1). Sans doute les résultats ne répondirent pas aux efforts du pape, mais il serait injuste de ne pas reconnaître la peine qu'il se donna pour accroître l'étendue du monde chrétien.

## CONCLUSION

M. Rodenberg, au début de son intéressant ouvrage : *Innocent IV et le royaume de Sicile,* trace deux beaux portraits de Frédéric II et d'Innocent IV. Il accorde à l'empereur la supériorité dans les négociations diplomatiques et lui trouve une diversité plus attrayante que l'uniformité *(Einseitigkeit)* de son illustre adversaire. Il reconnaît à Innocent IV non seulement la conviction sincère dans la justice de sa cause, mais aussi une grande hauteur de vues qui lui permit de méditer ses desseins pendant plusieurs années avant d'en poursuivre la réalisation. Innocent IV avait aussi la rapidité du coup d'œil qui lui faisait entrevoir la nécessité d'un changement de direction ; si un de ses projets échouait, il en avait un autre à y substituer immédiatement, quitte à revenir ensuite à celui momentanément abandonné. Dans la question de la Sicile notamment, il prouva qu'il avait la persévérance nécessaire pour conduire son projet jusqu'à son terme logique. Il était prêt à profiter avec sagesse des évolutions du sort les plus imprévues.

(1) Le 1er juillet 1253, il envoya son pénitencier *Velascus,* pour éteindre les guerres entre les Hongrois et les Bohémiens. (RAYNALDI, an. 1253, n° 28).

C'est bien à tort que M. Rodenberg trouve qu'il n'y a aucune personnalité dans les bulles d'Innocent IV, contrairement à celles d'Innocent III ou de Grégoire IX. Qu'on relise par exemple dans le commentaire de M. Berger la réponse aux réclamations d'Henri III d'Angleterre et de Richard de Cornouailles contre le projet du mariage de Charles d'Anjou ; le pape leur parle comme s'il n'avait pas compris leurs plaintes (1). Dans la même correspondance, il se demande plaisamment si Henri III est plus jeune ou plus âgé que lui (2). Il a à un haut degré l'esprit de finesse, qui n'est pas toujours compatible avec l'audace combative. Mais Innocent IV fut toujours maître de lui, même quand il paraissait le plus emporté.

Le même historien lui adresse une autre critique assez grave, celle d'avoir trop usé des moyens matériels de l'Eglise, d'avoir été un diplomate rusé plutôt qu'un pape. Certainement, des négociations en partie double d'Innocent IV nous causent quelque étonnement. Mais, pour le bien juger, il faut lui tenir compte des circonstances critiques où il trouva l'Eglise, des pièges savants auxquels il dut se soustraire, des périls qu'il courut. Il avait failli mourir pendant le conclave de Célestin IV, il avait été mourant lors de sa fuite à Gênes ; son indomptable énergie l'avait mis en état de se rendre à Lyon ; la maladie le terrassa lorsqu'il avait enfin conquis le royaume de Naples et ne lui permit pas de le conserver. Il « lutta onze ans, cinq mois, neuf jours (3) » mais c'est la destinée, la situation de l'Eglise en face de l'Empire qui fit de lui un lutteur.

La mort le servit étonnamment en le faisant survivre à Frédéric II et à Conrad. Sans doute en mourant, il paraît vaincu et le royaume de Naples est perdu pour l'Eglise. Mais du côté de l'Allemagne, sa persévérance n'avait pas été inutile, la grande famille des Hohenstaufen n'était plus représentée que par un enfant au

(1) BERGER, p. 109-110.

(2) RODENBERG, p. 151.

(3) En comptant depuis le jour de son couronnement (28 juin 1243).

berceau. L'abaissement de l'Empire, voilà l'œuvre d'Innocent IV, qui ne l'a pas accomplie seulement par une heureuse chance, mais grâce à son obstination, à sa persévérance, et à son inaltérable confiance dans le droit de l'Eglise à la victoire finale.

# BIBLIOGRAPHIE

BERGER (Elie). — *Les Registres d'Innocent IV*, Paris 1884 et suiv. Le 8ᵉ fascicule est composé par le mémoire : Saint Louis et Innocent IV (déc. 1887).

KARST. — *Geschichte Manfred's*, Berlin, 1897.

MATHIEU PARIS. — Extraits dans les *Monumenta Germaniæ*, t. XXVIII, 1888.

NICOLAS DE CURBIO. — *Vita Innocentii quarti.* (MURATORI, *Rerum italicarum scriptores*, t. III, p. 592. Milan 1723.)

RAYNALDI. — *Annales Ecclesiastici* (1243-1254), t. XIII, 1646.

RODENBERG. — *Innocens IV und das Königreich Sicilien.* Halle, 1892. Bibliothèque Nat. 8ᵉ K. 2339.

TAMMEN (Ulrich). — *Kaiser Friedrich II und Papst Innocens IV*, Leipzig, 1886.

WEBER (Hans). — *Der Kampf zwischen Papst Innocens IV und Kaiser Friedrich II bis zur Plucht des Papstes nach Lyon.* Berlin, 1900. Bibl. Nat. 8ᵉ G. 7362.

# TABLE DES MATIÈRES